LIEBLINGSREZEPTE VOM LAND

MEINE FRISCHE GEMÜSE KÜCHE

FÜR HANS, FELIX UND ERNST

LIEBLINGSREZEPTE VOM LAND

MEINE FRISCHE GEMÜSE KÜCHE

CHRISTIAN

ZEIT
PORTIONEN
STÜCKZAHL
LITERANGABE

AUS WALD UND WIESE

Es ist ein beglückendes Gefühl, durch Wälder und Wiesen zu streifen, die Natur zu genießen und sich dabei sein eigenes Essen zu pflücken. Im Frühling, wenn alles frisch und leuchtend grün ist, findet man Bärlauch am Wegesrand, später Waldmeister, wilde Kräuter und im Herbst Holunderbeeren und Nüsse. Bereiten Sie sich einen erfrischenden Kräutersaft, einen Salat mit selbstgepflückten Blümchen oder grillen Sie ein Lachsfilet mit frischer Kräuterbutter.

VOM GEMÜSESTAND

Auf dem Markt finden Sie das ganze Jahr über, was Herz und Körper begehren: knackige Paprika, würzigen Lauch und leuchtende Tomaten. Schlendern Sie über den Markt, genießen Sie die Farben, Formen und Gerüche, lassen Sie sich vom Gemüsehändler neue Sorten empfehlen und erfahren Sie einiges über Herkunft und Anbau. So wird der Einkauf zum Erlebnis. Anschließend wird geschlemmt, zum Beispiel gebackene Bohnen und Kartoffeln, knackiges Mangoldgemüse oder ein cremiger Zucchiniauflauf.

AUS DER ERDE

Aus der Erde kommen viele Schätze, im Frühjahr der geliebte Spargel, auf dessen Saison Sie sich vielleicht (genau wie ich) jedes Jahr freuen. Im Herbst und Winter können Sie Rüben und Kohl genießen und daraus herzhafte und wärmende Gerichte zaubern. Oder Sie probieren unbekannte Sorten aus, zum Beispiel eine Topinambursuppe, Süßkartoffeln aus dem Ofen oder Kartoffelpizza. Sie werden sehen, es schmeckt und tut Ihnen gut.

SEITE 90

AUS DER OBSTKISTE

Wenn es um Essen und Genuss geht, darf natürlich Obst nicht fehlen. Früchte schmecken ganz pur, vom Strauch oder Baum gepflückt, herrlich, aber auch in süßen Leckereien zum Kaffeeklatsch mit Freunden oder als Nachtisch nach einem feinen Menü. Probieren Sie im Frühling Eistee mit Minze und Erdbeeren, im Hochsommer gegrillte Aprikosen mit Blaubeersauce und Sahnecreme und im Herbst dann einen saftigen Birnenkuchen.

SEITE 134

VORWORT

Warum ich ein Kochbuch über Gemüse schreibe und fotografiere, wurde ich gefragt, nach meinen Kochbüchern zum Sommer und Herbst sei doch nun der Winter oder der Frühling an der Reihe. Weil ich Gemüse liebe, habe ich geantwortet, und das schon von Kindesbeinen an.

Schon als Kind hatte ich im Garten meiner Eltern mein eigenes kleines Gemüsebeet. Später als ich in die Stadt zog und keinen Garten hatte, hatte ich auf manchem Balkon einen Eimer, in dem Kartoffeln wuchsen. Nun habe ich einen eigenen Garten und bin gerade dabei, meine Beete anzulegen.

Und um auf den Frühling zurückzukommen, der ist mit seinen Kräutern, Mairübchen und Spargel in diesem Buch gut vertreten, ebenso wie der Sommer, der Herbst und der Winter. Immer wenn ich auf den Markt gehe, bin ich ganz gespannt, welche neuen Leckereien es gerade wieder gibt. Gemüse nach den Jahreszeiten zu kaufen und zu essen empfinde ich als abwechslungsreich und beglückend, und dass nicht jedes Gemüse zu jeder Zeit verfügbar ist, steigert doch die Vorfreude darauf. Gemüse sieht toll aus, die Farben und Formen machen Appetit, es ist frisch und bekömmlich, schmeckt gut und für mich als Mutter und Ärztin besonders wichtig: Es ist gesund!

Das Buch soll Vegetarier und Nicht-Vegetarier gleichermaßen ansprechen. Viele Gemüsegerichte eignen sich auch als Beilage zu Fleisch- und Fischgerichten. Fisch essen wir etwa einmal die Woche und selten Fleisch, das wir nur beim Bauern kaufen, bei dem wir die Herkunft der Tiere kennen. Daher muss unser Kanninchen Jonny auf Seite 29 keine Angst haben. Er sitzt neben dem Teller und nicht darauf.

Das Buch führt durch alle Jahreszeiten, ich habe Obst und Gemüse aus jeder Saison verarbeitet und dazu passend ein ganzes Jahr lang fotografiert, vom Frühling bis zum Winter. Die meisten Rezepte orientieren sich wieder an den Familiengerichten meiner schwedischen Großmutter, ich habe aber auch eigene Rezepte entwickelt und Freunde und Bekannte besucht, die mich an ihren Lieblingsrezepten teilhaben ließen.

Auf meiner letzten Obsttüte, die ich erhielt, stand: „Esst Obst!". Ich möchte es noch erweitern: Esst mehr Obst und bleibt gesund! Das wünsche ich Ihnen.

Ihre Marie Langenau

AUS WALD UND WIESE

Die Natur ist für mich der schönste Rückzugsort. Hier kann ich einen entspannten Spaziergang machen oder mit meinen Kindern viele spannende Dinge entdecken. Im Wald und am Wegesrand wachsen im Frühling allerlei feine Wildkräuter und -pflanzen, aus denen sich wunderbare Gerichte zaubern lassen. Doch auch das Kräuterbeet hinterm Haus hält so einiges bereit, von Rosmarin über Basilikum bis zur frischen Minze. Genießen Sie mit den Rezepten in diesem Kapitel die ganze Vielfalt der duftenden Kräuter und Wildkräuter.

BUTTER
MIT BÄRLAUCH

MIT BÄRLAUCH
100 g Mischbutter (aus Butter und Öl, z. B. Kaergarden)
20 g frische Bärlauchblätter
1 TL frisch gepresster Zitronensaft
Meersalz
Chiliflocken

15 MIN X 4

MIT BRENNNESSELN
25 g frische Brennnesseln
Salz
100 g Mischbutter (aus Butter und Öl, z. B. Kaergarden)
1 TL Limettensaft
frisch gemahlener Pfeffer

20 MIN X 4

♥ Die Butter in einer Schüssel mithilfe einer Gabel weich rühren. Den Bärlauch waschen und trocken schütteln, die Stiele entfernen und in schmale Streifen schneiden. Mit dem Zitronensaft zur Butter geben und alles mit dem Stabmixer pürieren. Mit Salz und Chiliflocken abschmecken.

♥ Die Butter in kleine Gläser oder Silikonförmchen füllen und mehrere Stunden kalt stellen. Danach aus den Förmchen nehmen und in Backpapier wickeln. In Gläsern oder im Backpapier kalt aufbewahren. Im Kühlschrank hält sich die Butter einige Tage. Sie kann auch eingefroren werden.

MIT BRENNNESSELN

♥ Die Brennnesseln verlesen und gut in kaltem Wasser waschen. Reichlich Salzwasser zum Kochen bringen und die Nesseln 4–5 Minuten darin kochen. Abgießen und mit kaltem Wasser abschrecken. Die Brennnesseln auf ein Küchentuch legen und das Wasser gut ausdrücken. Anschließend mit der weichen Butter in einem Mixer oder mit dem Stabmixer pürieren. Mit Limettensaft, Salz und Pfeffer abschmecken. Die Butter in kleine Förmchen füllen und kalt stellen.

TIPP

Nur junge Brennnesseltriebe verwenden und beim Pflücken am besten Handschuhe tragen. Der Geschmack der Brennnesselbutter ist sehr milde, nach Belieben z. B. Kresse oder eine gepresste Knoblauchzehe hinzufügen.

KÄSEBÄLLCHEN

MIT SCHNITTLAUCH

200 g Feta
(Schafs- und Ziegenkäse gemischt)
4 EL griechischer Joghurt
1½ TL Sesam
Chiliflocken
Salz
frisch gemahlener Pfeffer
½ TL Zitronensaft
1½ Bund Schnittlauch
2–3 Schnittlauchblüten, nach Belieben

15 MIN X 18–20

♥ Den Feta in einer Schüssel mithilfe einer Gabel zerkleinern. Joghurt und Sesam dazugeben und gut verrühren. Mit Chiliflocken, Salz, Pfeffer und Zitronensaft abschmecken. Alles gut vermischen und kühl stellen.

♥ Inzwischen den Schnittlauch waschen, trocken schütteln, in Röllchen schneiden und in einen tiefen Teller geben. Aus der Käsemischung mit den Händen kleine Kugeln formen, diese im Schnittlauch wenden und anschließend auf einen Teller legen. Die Schnittlauchblüten mithilfe einer Schere klein schneiden und über die Kugeln streuen.

TIPP

Die Schnittlauchbällchen schmecken gut zu geröstetem Brot.

200 g Dinkelvollkornmehl
300 g Weizenmehl (Type 405)
1 Päckchen Trockenhefe
1 EL heller Rübensirup
1½ TL Salz
20 g Butter

Mehl für die Arbeitsfläche
und zum Bestauben

FÜR DIE KRÄUTERFÜLLUNG
2 EL frisch gehackter Rosmarin
2 EL frisch gehackter Thymian
2 EL frisch gehackter Bärlauch

25 MIN + 40 MIN + 27 MIN
X 2

KRÄUTERBAGUETTE

FRISCH GEBACKEN

Die Mehlsorten und die Trockenhefe in einer großen Schüssel mischen. Sirup, Salz, Butter und 300 ml kaltes Wasser hinzufügen und unterkneten. Sollte der Teig nicht geschmeidig genug werden, weitere 30–50 ml Wasser zufügen. Den Teig zugedeckt an einem warmen Ort 40 Minuten gehen lassen.

Den Backofen auf 220 °C vorheizen und ein Backblech mit Backpapier auslegen. Den Teig auf eine bemehlte Arbeitsfläche legen und halbieren, dabei nicht mehr durchkneten. Jede Hälfte zu einem flachen Rechteck formen und mit den Kräutern bestreuen. Die Brotlaibe von der Längsseite zusammenklappen und in sich zwei- bis dreimal verdrehen. Auf das Backblech legen und mit Weizenmehl bestauben.

Eine ofenfeste Schüssel mit Wasser füllen und auf den Backofenboden stellen. Die Kräuterbaguettes auf der mittleren Schiene im Backofen zunächst 12 Minuten backen, dann die Hitze auf 200 °C reduzieren und weitere 15 Minuten backen.

BRÖTCHEN

MIT SESAM

50 g frische Hefe
250 g Roggenvollkornmehl (Type 1150)
350 g Weizenvollkornmehl
150 g Weizenmehl (Type 405)
1½ TL Salz
25 ml heller Rübensirup
2–3 EL Sesam

Mehl für die Arbeitsfläche

35 MIN + 1 STD
X 18–20

♥ Die Hefe in einer Schüssel zerbröckeln und mit 250 ml lauwarmem Wasser verrühren. In einer weiteren Schüssel die Mehlsorten mit dem Salz und dem Sirup vermischen. Die aufgelöste Hefe und weitere 200–220 ml Wasser zur Mehlmischung geben und alles zu einem glatten Teig verarbeiten. Den Teig zugedeckt an einem warmen Ort 30–40 Min gehen lassen.

♥ Den Backofen auf 220 °C vorheizen und zwei Backbleche mit Backpapier auslegen. Den Teig noch einmal gut durchkneten und auf einer bemehlten Arbeitsfläche 18–20 kleine Brötchen formen. Auf das Backblech setzen und jedes Brötchen mit dem Messer zwei- bis dreimal einritzen. Die Brötchen mit Wasser bepinseln und mit Sesam bestreuen. Auf der mittleren Schiene im Backofen zunächst 10 Minuten backen, dann die Brötchen nochmals mit Wasser bepinseln und weitere 8–10 Minuten backen. Auf einem Gitterrost abkühlen lassen.

KNÄCKEBROT

MIT ROSMARIN UND MEERSALZ

1 Päckchen Trockenhefe
125 g Weizenmehl (Type 405)
100 g Buchweizenmehl
150 g Roggenmehl
1 TL Honig
1 TL Salz

ZUM BESTREUEN
1½ EL frisch gehackte Rosmarinnadeln
1–1½ EL grobkörniges Meersalz

Roggenmehl zum Ausrollen

45 MIN + 60 MIN + 15 MIN
X 18 RINGE (12 CM Ø)

♥ Die Hefe mit den Mehlsorten in einer Schüssel mischen. Honig, Salz und 250 ml Wasser hinzufügen. Mit den Knethaken des Handrührgerätes zu einem feuchten Teig verarbeiten, 2 EL Mehl auf die Oberfläche geben und zugedeckt an einem warmen Ort 60 Minuten gehen lassen. Den Backofen auf 250 °C vorheizen, drei Backbleche mit Backpapier auslegen. Die Rosmarinnadeln mit dem Meersalz vermischen.

♥ Den Teig noch einmal kräftig durchkneten und die Arbeitsfläche mit Roggenmehl ausstreuen. Den Teig portionsweise sehr dünn ausrollen (1–2 mm) und zu Kreisen (12 cm Ø) ausstechen, dabei mittig kleinere Kreise ausstechen (siehe Tipp). Teigreste erneut verkneten und noch einmal ausrollen und ausstechen, bis der Teig aufgebraucht ist.

♥ Die Knäckebrotringe auf die Backbleche legen und mit der Rosmarin-Salzmischung bestreuen. Im Backofen auf der mittleren Schiene zunächst 7–8 Minuten backen, dann die Temperatur auf 200 °C reduzieren und weitere 5–7 Minuten backen.

TIPP

Ich habe zum Ausstechen kleine Tarteletteförmchen verwendet und für den inneren Kreis die metallene Fassung eines Teelichtes. Zum Knäckebrot schmeckt Kräuterbutter (Rezepte siehe Seite 11) sehr gut.

FELDSALAT

MIT MANGO UND BÄRLAUCHDRESSING

150 g Feldsalat
1 Mango
3 Karotten
200 g Erbsen (tiefgefroren oder frisch gepalt)

FÜR DAS DRESSING
5 EL Olivenöl
3 EL weißer Balsamico
1 TL mittelscharfer Senf
Salz
frisch gemahlener Pfeffer
3–4 frische Bärlauchblätter

2–3 EL Sonnenblumenkerne

20 MIN · X 4

♥ Den Feldsalat verlesen, waschen und trocken schütteln. Die Mango schälen und das Fruchtfleisch vom Kern schneiden. Die Hälfte der Mango in kleine Würfel schneiden, den Rest zur Seite stellen. Die Karotten schälen und in dünne Scheiben hobeln.

♥ Reichlich Salzwasser zum Kochen bringen, die gefrorenen Erbsen 3–4 Minuten und die Karotten 2–3 Minuten blanchieren. Das Gemüse kalt abschrecken und abtropfen lassen. Feldsalat, Mangowürfel, Karotten und Erbsen in einer Schüssel vorsichtig vermischen.

♥ Für das Dressing die restliche Mango mit dem Stabmixer pürieren. Öl, Balsamico und Senf unterrühren und mit Salz und Pfeffer abschmecken. Den Bärlauch waschen, trocken schütteln und in dünne Streifen schneiden. Unter das Dressing rühren.

♥ Den Salat auf kleine Schüsseln oder Teller verteilen, das Dressing darüberträufeln und das Ganze mit Sonnenblumenkernen bestreuen.

DAS GELBE MEER WOGT, ES DUFTET NACH RAPS, KRÄUTER SÄUMEN DEN WEG. WELCH' EINLADUNG ZU EINEM SPAZIERGANG!

82

SPINATSALAT

NACH TINAS ART

250 g frischer Spinat
100 g Pinienkerne
250 g in Öl eingelegte getrocknete Tomaten
2 EL Olivenöl
1–1½ EL Rotweinessig
30 g Parmesan, grob gerieben
Salz
frisch gemahlener Pfeffer

15 MIN · X 4

♥ Den Spinat gründlich waschen und trocken schleudern, die harten Stängel entfernen. Die Pinienkerne in einer Pfanne ohne Fett etwa 5 Minuten goldbraun rösten. Die getrockneten Tomaten abtropfen lassen und klein schneiden.

♥ Spinat, Pinienkerne und Tomaten in einer großen Schüssel vermengen. Olivenöl, Essig und Parmesan unterheben, alles vermischen und mit Salz und Pfeffer abschmecken.

RADICCHIO

MIT ORANGE UND SCHAFSKÄSE

2 große Köpfe Radicchio
150 g Schafskäse
3–4 EL Mehl
3 EL Olivenöl
1 große unbehandelte Orange
10–12 Stängel Portulak

FÜR DAS DRESSING
8 EL Olivenöl
3–4 EL frisch gepresster Orangensaft
Saft von ½ Limette
1 Prise Zucker
Salz
frisch gemahlener Pfeffer
6–8 Stängel Portulak

30 MIN X 4

♥ Die äußeren Blätter des Radicchio entfernen und die Salatköpfe quer halbieren. Jede Hälfte in 3–4 gleich dicke Scheiben schneiden und auf vier Teller verteilen. Den Schafskäse in 6–7 mm dicke Scheiben schneiden. Mehl auf einen Teller verteilen und den Schafskäse darin von beiden Seiten wenden. In einer Pfanne das Öl erhitzen und die Käsescheiben von jeder Seite 2–3 Minuten anbraten. Auf den Tellern verteilen.

♥ Die Orange heiß abspülen, mit dem Sparschäler dünne Streifen abschälen und auf dem Salat verteilen. Die Orange komplett schälen, von den weißen Trennwänden befreien und klein schneiden. Den Portulak waschen und trocken schütteln, mit den Orangenstücken auf den Salat geben.

♥ Für das Dressing Öl mit Orangen- und Limettensaft, Zucker, Salz und Pfeffer verrühren. Den Portulak waschen, trocken schütteln, klein hacken und unter das Dressing rühren. Den Salat mit dem Dressing beträufeln und sofort servieren.

TIPP

Portulak kann auch durch Basilikum oder Rosmarin ersetzt werden.

WILDER SALAT

MIT SANFTEN MAIRÜBCHEN

3–4 kleine Mairüben
2 Karotten
1 gelbe Paprika
10 Löwenzahnblätter
5 Gierschblätter
20 g Rucola

FÜR DAS DRESSING
150 ml Buttermilch
100 ml Naturjoghurt
3 EL Sahne
½ TL Limettensaft
Salz
frisch gemahlener Pfeffer

FÜR DIE DEKORATION
zartes Grün der Karotte
10–12 Löwenzahnblüten

20 MIN X 4

- Die Mairüben und die Karotten schälen, in dünne Scheiben schneiden oder hobeln. Die Paprika waschen, den Deckel abschneiden, die Samen und Scheidewände entfernen und die Paprika in dünne Ringe schneiden. Löwenzahn, Giersch und Rucola gut waschen und trocken schütteln. Alles in mundgerechte Stücke zupfen.

- Für das Dressing Buttermilch, Joghurt und Sahne in einer Schale verquirlen. Mit Limettensaft, Salz und Pfeffer abschmecken.

- Das Grün der Karotte waschen, trocken schütteln und klein schneiden. Den Salat, Mairüben, Karotten und Paprika auf Tellern anrichten, mit Dressing beträufeln und nach Belieben mit Karottengrün und Löwenzahnblumen garnieren.

TIPP

Nur die jungen Blätter vom Giersch und Löwenzahn verwenden. Wer beides nicht mag, kann sie auch durch mehr Rucola oder grünen Salat ersetzen.

BLÜMCHENSALAT

MIT ORANGEN-JOGHURT-DRESSING

350–400 g Salat und Blüten,
z. B. Feldsalat, Postelein, Löwenzahn, Giersch, Rucola, Schnittknoblauch, Petersilie, Kerbel, Spinat, Senfblüten, Stiefmütterchenblüten

FÜR DAS DRESSING

150 g Naturjoghurt
frisch gepresster Saft von 1 Orange
1 Prise Zucker

10 MIN — X 4

- Salat und Blüten vorsichtig waschen und trocken schütteln. Auf Tellern anrichten.
- Für das Dressing Joghurt mit Orangensaft und Zucker verrühren. Über den Salat geben.

TIPP

Die Zusammensetzung des Blümchensalats variiert je nach Jahreszeit und Vorlieben.

200 g Brennnesselblätter
Salz
1 Zwiebel
1 EL Butter
1 EL Mehl
1 l Gemüsebrühe
100 ml Sahne
frisch gemahlener Pfeffer

35 MIN X 4

BRENNNESSELSUPPE

MIT SAHNE

♥ Die Brennnesselblätter verlesen und im kalten Wasser waschen. In reichlich Salzwasser 10 Minuten kochen, anschließend das Wasser abgießen.

♥ Die Zwiebel abziehen und fein hacken. Die Butter in einer Pfanne erhitzen und die Zwiebel 3–4 Minuten anschwitzen. Das Mehl dazugeben, umrühren, die Nesseln zufügen. Mit Brühe aufgießen und bei mittlerer Temperatur 5 Minuten kochen. Die Suppe von der Herdplatte nehmen, mit dem Stabmixer oder im Mixer pürieren. Die Sahne dazugießen, einmal aufkochen und mit Salz und Pfeffer abschmecken.

TIPP

Dazu schmecken salzige Cracker mit Brennnesselbutter (Rezept siehe Seite 11) oder Rote-Bete-Butter (Rezept siehe Seite 92).

RUCOLA-SUPPE

MIT KRESSE UND RADIESCHEN

6 Frühlingszwiebeln
2 kleine Knoblauchzehen
1 große Karotte
2 EL Butter
800 ml Gemüsebrühe
200 ml Sahne
250 g Rucola
2 Kästchen Kresse
Salz
frisch gemahlener Pfeffer

FÜR DIE DEKORATION
8–10 Radieschen
3 EL gemischte Kerne (z. B. Sonnenblumen-, Pinien- und Kürbiskerne)

35 MIN · X 4

♥ Die Frühlingszwiebeln und den Knoblauch abziehen und fein hacken. Die Karotte schälen und grob raspeln. Die Butter in einem großen Topf erhitzen und Frühlingszwiebeln und Knoblauch darin glasig anschwitzen. Karottenraspel dazugeben und 1–2 Minuten anbraten. Gemüsebrühe und Sahne aufgießen und alles 5 Minuten bei kleiner Temperatur kochen.

♥ Den Rucola waschen, trocken schütteln und in mundgerechte Stücke zupfen. Die Kresse vom Beet schneiden, waschen und trocken tupfen. Beides zur Suppe geben und 3–4 Minuten mitkochen. Mit dem Stabmixer pürieren, noch einmal aufkochen und mit Salz und Pfeffer abschmecken.

♥ Inzwischen die Radieschen putzen, waschen, trocken tupfen und in Scheiben schneiden. Die Kerne in einer Pfanne ohne Fett 3–5 Minuten rösten. Die Suppe in Schalen füllen und mit den Radieschenscheiben und gerösteten Kernen servieren.

GEGRILLTER LACHS

MIT KRÄUTERBUTTER

4 Lachsfilets (à 100–150 g)
Salz
frisch gemahlener Pfeffer
100 g Bärlauchbutter (Rezept siehe Seite 11) oder Kräuterbutter
1 Karotte
2 Frühlingszwiebeln
3–4 Stängel Dill
4 TL Zitronensaft
4 EL Gewürzmischung aus Pfefferkörnern, Senfsaat, Anis- und Koriandersamen

15 MIN + 15 MIN X 4

♥ Den Lachs waschen, trocken tupfen und von beiden Seiten salzen und pfeffern. Aus Aluminiumfolie vier große Quadrate schneiden. Die Butter in acht Stücke teilen und auf die Folie verteilen.

♥ Die Karotte schälen und mit dem Sparschäler in Streifen schneiden. Die Frühlingszwiebeln abziehen und in Scheiben schneiden. Den Dill waschen, trocken schütteln und klein schneiden.

♥ Die Karottenstreifen um die Filets wickeln und den Lachs auf die Butterstücke legen. Die Frühlingszwiebeln daraufgeben, mit Zitronensaft beträufeln und mit je 1 EL Gewürzmischung bestreuen, nochmals salzen und pfeffern. Zuletzt den Dill über den Fisch streuen. Die Ecken der Alufolie oben zusammenfassen und eindrehen, sodass ein geschlossenes Päckchen entsteht. Bei mittlerer Temperatur 13–15 Minuten grillen.

TIPP

Der Lachs kann auch im Backofen zubereitet werden. Dazu den Backofen auf 200 °C vorheizen und die Päckchen auf der mittlerer Schiene 13–15 Minuten backen.

ZARTE BUSCHWINDRÖSCHEN VERWANDELN DEN WALDBODEN IN EIN BLÜTENMEER, DER FRÜHLING IST DA.

90 g Margarine
3 Eier
60 g Zucker
50 ml Milch
80 ml Holunderblütensirup
2–3 TL frisch gepresster Zitronensaft
140 g Mehl
2 TL Backpulver
50 g gemahlene Mandeln
2 EL Zucker

FÜR DIE DEKORATION
1–2 Holunderblütendolden

20 MIN + 23 MIN   X 12

MUFFINS
MIT HOLUNDERBLÜTENSIRUP

♥ Den Backofen auf 180 °C vorheizen. Ein Muffinblech mit Papierförmchen auslegen. Die Margarine schmelzen und abkühlen lassen. Ein Ei trennen, das Eiweiß beiseitestellen. In einer großen Schüssel das Eigelb mit den restlichen Eiern, Zucker, Milch, Sirup und Zitronensaft verrühren. Mehl, Backpulver und Mandeln in einer zweiten Schüssel mischen. Die trockene Mischung abwechselnd mit der Margarine unter die Eiermischung rühren. Den Teig in die Papierförmchen füllen.

♥ Das Eiweiß schaumig schlagen, 2 EL Zucker einrieseln lassen und dabei ständig weiterschlagen, bis der Eischnee steif ist. Den Eischnee auf den Muffins verteilen und auf der mittleren Schiene im Backofen 20–23 Minuten backen.

♥ Die Holunderblüten gut ausschütteln und kleine Blüten abzupfen. Die Muffins abkühlen lassen und mit den Holunderblüten dekorieren.

KRÄUTERSAFT

NACH CONNYS ART

2 Stängel Minze (1 oder 2 Sorten)
1 Stängel Rosmarin
1 Stängel Bergbohnenkraut
2 Stängel Melisse
4 Stängel Waldmeister
4 Blätter Zitronenverbene
4 Löwenzahnblätter
2 Walderdbeerblätter
4 Gänseblumenblüten
1 Liter Apfelsaft (oder stilles Wasser)
Honig oder Agavendicksaft,
nach Belieben

Bindfaden

15 MIN + 24 STD X1

♥ Die Kräuter und Blätter zu einem Strauß binden, waschen und vorsichtig trocken schütteln. Den Strauß kopfüber in einen Krug geben, die Gänseblümchen dazugeben und mit Apfelsaft oder Wasser auffüllen.

♥ Abgedeckt 24 Stunden im Kühlschrank ziehen lassen. Anschließend den Kräuterstrauß und die Gänseblümchen entfernen und den Saft nach Belieben mit Honig oder Agavendicksaft süßen. Wer mag verdünnt den Kräutersaft mit etwas Sprudelwasser.

TIPP

Die Zusammensetzung der Kräuter variiert nach Jahreszeit. Lassen Sie sich inspirieren und setzen Sie Ihre eigenen Kräuter nach Belieben zusammen.

50 g Waldmeister
600 g Zucker
2 Limetten

48 STD + 35 MIN + 48 STD
X3 FLASCHEN à 375 ML

SIRUP
AUS WALDMEISTER

♥ Den Waldmeister waschen, trocken schütteln und 48 Stunden im Bund trocknen lassen, so kann sich das Aroma gut entfalten. Danach die Blätter abzupfen.

♥ In einem Topf den Zucker mit 1 l Wasser unter Rühren aufkochen und 10–15 Minuten kochen. Die Limetten heiß abspülen und in Scheiben schneiden. Mit den Waldmeisterblättern zur Zuckerlösung geben und alles kurz aufkochen. Den Sirup für 24–48 Stunden kalt stellen.

♥ Den Sirup abseihen und anschließend noch einmal aufkochen. In saubere vorbereitete Flaschen füllen. Der Sirup hält sich, kühl gelagert, 3–4 Monate.

TIPP

Einen kleinen Schuss Sirup in einem Glas Mineralwasser auflösen und genießen!

VOM GEMÜSESTAND

Wenn ich am Wochenende viel Zeit habe, schlendere ich gerne am Samstagvormittag über den Markt. Dort treffe ich Bekannte und Freunde und halte auch mal ein Schwätzchen mit der Frau vom Gemüsestand. So habe ich einen wunderbar entspannten Einstieg ins Wochenende und lasse mich von der großen Gemüseauswahl inspirieren. Jedes Wochenende kommt deshalb ein neues Gericht auf den Tisch. Probieren auch Sie neue Rezepte aus und lassen sich von diesem Kapitel und vielleicht vom nächsten Spaziergang auf dem Markt inspirieren.

AUBERGINENCREME

ORIENTALISCH

2 Auberginen (à 550 g)
2 Knoblauchzehen
100 ml Olivenöl
100 ml Naturjoghurt (3,5 % Fett)
2 TL frisch gepresster Zitronensaft
Salz
frisch gemahlener Pfeffer

ZUM BESTREUEN
3–4 TL Sesamsaat

15 MIN + 25 MIN X4–6

♥ Den Backofen auf 250 °C vorheizen. Die Auberginen waschen, putzen, trocken tupfen und mit einem scharfen Messer fünf- bis sechsmal einritzen. In eine Auflaufform legen und auf der mittleren Schiene im Backofen 20–25 Minuten backen, bis sie gar sind. Zwischendurch einmal wenden.

♥ Aus dem Ofen nehmen und 5 Minuten in eine Papier- oder Plastiktüte legen und verschließen. Anschließend die Schale abziehen und das Fruchtfleisch in Stücke schneiden. Den Knoblauch abziehen und mit den Auberginen in einem Mixer oder mit dem Stabmixer pürieren. Öl und Joghurt unterrühren, mit Zitronensaft, Salz und Pfeffer abschmecken. Die Creme in Schälchen oder auf Tellern anrichten und mit Sesam bestreuen.

TIPP

Dazu schmeckt frisches Brot.

375 g Weißkohl
130 g Kohlrabi
100 g Karotten
1 Schalotte

FÜR DIE SAUCE
150 g Sauerrahm
60 g Salat-Mayonnaise
1 EL Apfelessig
1 kleine Knoblauchzehe
Zucker
Salz
frisch gemahlener Pfeffer

25 MIN + 45 MIN X 4

SALAT
NACH COLESLAW-ART

♥ Die äußeren Blätter vom Weißkohl entfernen. Den Weißkohl vierteln, dabei den Strunk entfernen. Den Kohlrabi und die Karotten schälen, die Schalotte abziehen. Den Weißkohl fein hobeln, das übrige Gemüse fein raspeln, alles zusammen in eine Schüssel geben und gut vermischen.

♥ Für die Sauce in einer kleinen Schüssel Sauerrahm mit Mayonnaise und Apfelessig mischen. Die Knoblauchzehe abziehen, durch eine Knoblauchpresse drücken und zur Sauce geben. Mit Zucker, Salz und Pfeffer abschmecken. Die Sauce zum Salat geben, alles gut vermischen und vor dem Servieren noch etwa 45 Minuten ziehen lassen.

2 rote Zwiebeln
2 Knoblauchzehen
1 kg Mangold
2 EL Olivenöl
Salz
frisch gemahlener Pfeffer
4 geräucherte Lachsfilets (à 100–150 g)
3–4 EL frisch geriebener Parmesan, nach Belieben

30 MIN X 4

MANGOLD

MIT GERÄUCHERTEM LACHS

♥ Zwiebeln und Knoblauch abziehen und fein hacken. Von den Zwiebeln 1 EL beiseitestellen. Den Mangold waschen und putzen. Die Blätter von den Stielen trennen. Die Stiele klein würfeln und die Blätter in dünne Streifen schneiden.

♥ Das Öl in einem Topf erhitzen, Zwiebeln und Knoblauch 2–3 Minuten darin anschwitzen. Die Mangoldstiele zugeben und 5–6 Minuten mit anschwitzen. Dann die Blätter dazugeben und 10–12 Minuten weich dünsten. Mit Salz und Pfeffer abschmecken.

♥ Die Lachsfilets auf Teller verteilen und das Mangoldgemüse dazu servieren. Mit den übrigen rohen gehackten Zwiebeln und nach Belieben mit geriebenem Parmesan bestreuen.

CROSTINI
MIT MANGOLD UND RADIESCHEN

1 Baguette
4–5 EL Olivenöl
2 Zwiebeln
3 Knoblauchzehen
750 g Mangold
Salz
frisch gemahlener Pfeffer
100 g Mini-Mozzarella
5–6 Radieschen

35 MIN X 20

♥ Den Backofen auf 200 °C vorheizen und ein Backblech mit Backpapier auslegen. Das Baguette in etwa 1,5 cm dicke Scheiben schneiden und auf das Backpapier legen. Die Brotscheiben mit 2–3 EL Öl bepinseln und 5–7 Minuten auf der mittleren Schiene im Backofen backen.

♥ Inzwischen die Zwiebeln und den Knoblauch abziehen, alles bis auf eine Knoblauchzehe fein hacken. Den Mangold waschen und die dicken Stiele entfernen. Die Blätter in dünne Streifen schneiden.

♥ Das restliche Öl in einem Topf erhitzen, Zwiebeln und gehackten Knoblauch 2–3 Minuten darin anschwitzen. Mangoldblätter in den Topf geben und 9–11 Minuten weich dünsten. Mit Salz und Pfeffer abschmecken. Die ganze Knoblauchzehe halbieren und die Brotscheiben damit einreiben. Mit dem Mangoldgemüse belegen. Den Mozzarella abtropfen lassen, evtl. halbieren. Die Radieschen waschen, putzen und in dünne Scheiben schneiden. Die Crostini mit beidem belegen und servieren.

TIPP

Die dicken Mangoldstiele in dünne Streifen schneiden, in Butter anschwitzen und mit wenig Wasser gar dünsten, salzen und pfeffern, ggf. noch Sahne hinzufügen. Schmeckt gut zu Kartoffeln.

TOASTBROT

MIT AVOCADO, LACHS UND WASABI

1 mittelgroße rote Zwiebel
2 TL Olivenöl
2 Avocados
2 EL Sauerrahm
Wasabipaste, nach Belieben
200 g Stremellachs
(heiß geräucherter Lachs)
Salz
frisch gemahlener Pfeffer

8 Scheiben Toastbrot

15 MIN x 4

♥ Die Zwiebel abziehen, 4–6 dünne Ringe davon abschneiden und beiseitestellen, den Rest fein hacken. Das Öl in einer Pfanne erhitzen, die gehackten Zwiebeln 5–7 Minuten darin anschwitzen und kurz abkühlen lassen.

♥ Die Avocados längs halbieren, den Kern entfernen und das Fruchtfleisch mithilfe eines Löffels aus der Schale lösen. In einer Schüssel mit der Gabel zerdrücken, Sauerrahm und Zwiebelwürfel unterrühren und alles gut vermischen. Nach Belieben mit wenig Wasabipaste abschmecken. Den Stremellachs mit einer Gabel zerkleinern und dazugeben. Mit Salz und Pfeffer abschmecken.

♥ Die Toastbrote rösten, kurz abkühlen lassen und das Mus auf vier Scheiben verteilen. Die Zwiebelringe auf die Brote legen. Jeweils mit einer zweiten Scheibe bedecken, leicht andrücken und diagonal durchschneiden, sodass je zwei Dreiecke entstehen.

1 Rotkohl (etwa 800 g)
1 Zwiebel
1 kleiner Apfel
2 EL Margarine
2–3 Gewürznelken
3 Pfefferkörner
1 TL Salz
2 TL Zucker
1 EL Apfelessig
1 EL schwarzer Johannisbeersaft

15 MIN + 60 MIN x 4

ROTKOHL

MIT APFEL UND JOHANNISBEERSAFT

♥ Den Rotkohl waschen und putzen. Den Kohlkopf vierteln, dabei den Strunk entfernen. Den Kohl in sehr feine Streifen schneiden. Die Zwiebel abziehen und klein würfeln. Den Apfel waschen, vierteln, entkernen und in Scheiben schneiden.

♥ Die Margarine in einem großen Schmortopf erhitzen. Kohl, Zwiebel, Apfel, Nelken und Pfefferkörner hinzufügen und zugedeckt bei geringer Temperatur etwa 60 Minuten schmoren. Gelegentlich umrühren. Mit Salz, Zucker, Apfelessig und Johannisbeersaft abschmecken. Zuletzt die Nelken entfernen.

TIPP

Rotkohl schmeckt gut als Hauptspeise, aber auch fein zu Fleischgerichten.

BLUMENKOHL

MIT KRÄUTER-EIER-VINAIGRETTE

1 großer Blumenkohl
1½ TL Salz
Saft von 1 Zitrone

FÜR DIE VINAIGRETTE
6 Eier
1 EL fein gehackter Dill
1 EL fein gehackter Schnittlauch
1 EL fein gehackter Oregano
1 EL fein gehackter Thymian
1 EL fein gehackte Petersilie
4 EL Olivenöl
3 EL Apfelessig
2 TL Senf
Salz
frisch gemahlener Pfeffer
30 g Kapern

20 MIN x 4

♥ Den Blumenkohl mit den grünen Blättern gründlich waschen. Die Blätter zusammenhängend mit dem Strunk mit einem scharfen Messer entfernen, sodass eine „Servierschale" entsteht und beiseitelegen (siehe Tipp). Den verbleibenden Stiel mit zwei Schnitten über Kreuz einritzen. Wasser in einem großen Topf zum Kochen bringen, Salz und Zitronensaft hinzufügen und den Blumenkohl 15–20 Minuten darin kochen, bis er gar ist.

♥ Inzwischen die Eier 10–12 Minuten hart kochen. Für die Vinaigrette die Kräuter mit Olivenöl, Essig und Senf verrühren, mit Salz und Pfeffer abschmecken. Die Eier schälen, zwei Eier klein hacken und die restlichen Eier längs halbieren. Die gehackten Eier und die Kapern vorsichtig unter die Vinaigrette heben. Den Blumenkohl mit der Kräuter-Eier-Vinaigrette und den Eierhälften servieren.

TIPP

Es sieht schön aus, wenn der Blumenkohl in einer großen Schale auf den grünen Blättern serviert wird.

ROSENKOHL

MIT PARMESAN UND MAJORAN

850 g Rosenkohl
3 EL Olivenöl
16–20 Stängel frischer Majoran
Salz
frisch gemahlener Pfeffer
3–4 EL frischer, grob geriebener Parmesan

25 MIN X 4

♥ Den Rosenkohl putzen, dabei die äußeren schadhaften Blätter entfernen. In einer großen Pfanne 1 EL Öl erhitzen und den Rosenkohl 2–3 Minuten darin anbraten. Wasser zufügen, bis der Rosenkohl fast vollständig bedeckt ist. Aufkochen und bei mittlerer Temperatur 10–14 Minuten köcheln lassen, bis der Rosenkohl fast gar ist.

♥ Inzwischen den Majoran waschen, trocken schütteln und die Blätter abzupfen. Das übrige Kochwasser abgießen. Die Temperatur erhöhen, das restliche Olivenöl in die Pfanne geben und den Rosenkohl 3–5 Minuten scharf anbraten, dabei mehrfach wenden. Salzen, pfeffern, auf Teller verteilen und mit Parmesan und Majoran bestreuen.

DRAUSSEN SCHMECKT ES
EINFACH AM BESTEN!

3–4 Stangen Lauch (600 g)
2–3 EL Butter
200 ml Sahne
60 g geriebener Käse
(z. B. Emmentaler)
75 g Crème fraîche
2 TL Dijonsenf
Salz
frisch gemahlener Pfeffer
½ Bund krause Petersilie

FÜR DIE BEILAGE
600–800 g kleine Kartoffeln
75 g gesalzene Macadamianüsse

30 MIN X 4

LAUCHGEMÜSE

MIT PELLKARTOFFELN UND MACADAMIANÜSSEN

♥ Den Lauch waschen, putzen und bis zum Grün in Ringe schneiden. Das Grün in schmale Streifen schneiden und beiseitelegen. Die Kartoffeln gründlich waschen und in reichlich Salzwasser 20–25 Minuten garen.

♥ Die Butter in einer Pfanne erhitzen, die Lauchringe 6–8 Minuten darin anschwitzen, bis sie weich sind. Die Hälfte der Sahne dazugeben und bei mittlerer Temperatur köcheln lassen, bis sie eingekocht ist. Die restliche Sahne hinzufügen und wieder einkochen lassen. Dann den Käse einrühren und schmelzen. Den Topf von der Herdplatte nehmen, Crème fraîche und Senf zufügen, umrühren und mit Salz und Pfeffer abschmecken.

♥ Die Petersilie waschen, trocken schütteln, die Blätter abzupfen und fein hacken. Das Lauchgemüse erneut aufkochen und die Petersilie unterrühren. Die Konsistenz sollte cremig sein, eventuell etwas Milch hinzufügen, falls es zu fest ist. Das Lauchgemüse mit den Lauchstreifen garnieren. Die Macadamianüsse nach Belieben grob hacken und mit den Pellkartoffeln zum Gemüse servieren.

3 rote Paprika
800 g grüne Bohnen
3 Zwiebeln
20 g Butter
250 ml Gemüsebrühe
Salz
1 Prise Zucker
250 g Schmand (20 % Fett)
125 g Sauerrahm (10 % Fett)
2–3 EL Paprikapulver, edelsüß
Chiliflocken

35 MIN + 25 MIN X 4

GRÜNE BOHNEN

IN PAPRIKARAHM

♥ Den Backofen auf 220 °C vorheizen. Ein Backblech mit Backpapier auslegen. Die Paprika waschen, halbieren, dabei die Samen und Scheidewände entfernen. Mit den Schnittflächen nach unten auf das Backblech legen und 25 Minuten backen. Kurz abkühlen lassen, die Haut abziehen und die Paprika in kleine Würfel schneiden.

♥ Die Bohnen waschen, putzen und in 3–4 cm lange Stücke schneiden. Die Zwiebeln abziehen und klein würfeln. Die Butter in einer Pfanne erhitzen und die Zwiebeln 4–5 Minuten darin anschwitzen. Die Bohnen dazugeben, mit Brühe aufgießen und etwa 25 Minuten kochen, bis sie gar sind. Mit Salz und Zucker abschmecken. Schmand und Sauerrahm in einer Schüssel verrühren, mit Paprikapulver und Chiliflocken abschmecken. Die Paprikastückchen unterheben, alles zu den Bohnen geben und vorsichtig vermischen. Auf Schüsseln verteilen und servieren.

GRÜNE BOHNEN

MIT KARTOFFELN UND SCHAFSKÄSE

800 g Kartoffeln
45 g Haselnüsse
3 EL Olivenöl
Salz
frisch gemahlener Pfeffer
400 g grüne Bohnen
2 rote Zwiebeln
2 Knoblauchzehen

FÜR DAS DRESSING
Saft von ½ Zitrone
2–3 EL Weißweinessig
3–4 EL Olivenöl
1 TL Honig
1 Msp. Zimt
1 EL getrockneter Majoran
Salz
frisch gemahlener Pfeffer

150 g Schafskäse

20 MIN + 41 MIN X 4

♥ Den Backofen auf 190 °C vorheizen. Ein Backblech mit Backpapier auslegen. Die Kartoffeln schälen und in Würfel mit etwa 1,5 cm Kantenlänge schneiden. Auf dem Backblech verteilen. Die Haselnüsse grob hacken und über die Kartoffeln streuen. Mit dem Olivenöl beträufeln, salzen und pfeffern. Im Backofen auf der mittleren Schiene 15 Minuten backen. Inzwischen die Bohnen waschen, putzen und halbieren. Die Zwiebeln und den Knoblauch abziehen. Die Zwiebeln halbieren und mit dem Knoblauch in dünne Scheiben schneiden. Bohnen, Zwiebeln und Knoblauch zu den Kartoffeln geben und weitere 23–26 Minuten backen, bis das Gemüse gar ist.

♥ Für das Dressing Zitronensaft, Essig, Öl, Honig, Zimt und Majoran in einer Schüssel verquirlen und mit Salz und Pfeffer abschmecken. Das Gemüse aus dem Ofen nehmen, leicht abkühlen lassen und mit dem Dressing vermischen. Den Schafskäse klein würfeln und unterrühren. Warm oder auch kalt servieren.

AUBERGINEN
IM BLÄTTERTEIG

1 Rolle frischer Blätterteig (275 g)
1 Aubergine (etwa 300 g)
2 Knoblauchzehen
2 rote Zwiebeln
2 Schalotten
8–10 Stängel frischer Thymian
2 EL Olivenöl
75 g Ziegenfrischkäse

20 MIN + 20 MIN X 6

♥ Den Backofen auf 200 °C vorheizen. Ein Backblech mit Backpapier auslegen, den Blätterteig ausrollen, in sechs gleich große Quadrate schneiden und diese auf das Backblech legen.

♥ Die Aubergine waschen, putzen und in 1 cm dicke Scheiben schneiden. Den Knoblauch abziehen und klein hacken, Zwiebeln und Schalotten abziehen und in Ringe schneiden. Den Thymian waschen, trocken schütteln und die Blätter abzupfen. Die Auberginenscheiben mit 1½ EL Olivenöl bepinseln und in einer beschichteten Pfanne auf jeder Seite 2–3 Minuten anbraten. Den Knoblauch in einer weiteren Pfanne mit dem restlichen Olivenöl anbraten.

♥ Die Auberginenscheiben in kleinere Stücke schneiden und mittig auf die Blätterteigquadrate setzen. Knoblauch und Zwiebelringe darauf verteilen und den Ziegenkäse in Klecksen darübergeben. Thymian darüberstreuen und im Backofen auf der mittleren Schiene 20 Minuten backen.

GEMÜSESPIESSE

GEGRILLT, IN MARINADE

6 Stangen grüner Spargel
je ½ rote und gelbe Paprika
12–15 kleine Champignons
75 g Grillkäse

FÜR DIE MARINADE
4 EL Olivenöl
2 EL weißer Balsamico
1–2 Knoblauchzehen
Salz
frisch gemahlener Pfeffer
1–2 TL Ahornsirup
Chiliflocken

8 Holzspieße

30 MIN + 8 MIN
X 4 (8 SPIESSE)

♥ Die Holzspieße 20 Minuten ins Wasser legen. Den Spargel waschen, im unteren Drittel schälen und in 2 cm dicke Scheiben schneiden. Paprika waschen, von Samen und Scheidewänden befreien und klein schneiden. Champignons putzen und den Grillkäse klein würfeln. Das Gemüse und den Käse abwechselnd auf die Spieße ziehen.

♥ Für die Marinade Olivenöl und Balsamico mischen. Den Knoblauch abziehen und dazupressen. Mit Salz, Pfeffer, Ahornsirup und Chiliflocken abschmecken.

♥ In einer Schale die Gemüsespieße in die Marinade legen und etwa 30 Minuten ziehen lassen, dabei einmal wenden. In einer Aluminiumschale auf dem Grill etwa 8 Minuten grillen, vorsichtig wenden.

4 bunte Paprika

FÜR DIE FÜLLUNG
250 g Schafskäse
3 mittelgroße Tomaten
1–2 Knoblauchzehen
3 EL Olivenöl
Chiliflocken
1–2 TL Kräuter der Provence
Salz
frisch gemahlener Pfeffer

15 MIN + 17 MIN X 4

GRILL-PAPRIKA

MIT SCHAFSKÄSEFÜLLUNG

♥ Den Schafskäse klein würfeln. Die Tomaten waschen und ebenfalls klein würfeln. Den Knoblauch abziehen und in dünne Scheiben schneiden. Alles in eine Schüssel geben. Olivenöl, Chiliflocken und Kräuter der Provence dazugeben und vorsichtig vermischen, salzen und pfeffern.

♥ Die Paprika waschen und längs halbieren, dabei die Scheidewände und Samen entfernen. Die Füllung auf die Paprika verteilen, in Alufolie einwickeln und 12–17 Minuten grillen.

CAMEMBERT

GEBACKEN, MIT TOMATEN

4 Camemberts (à 125 g)
10–12 bunte kleine Tomaten
frisch gemahlener Pfeffer
1 EL Mandeln
1 EL Olivenöl
1–2 TL flüssiger Honig oder Rübensirup
1 TL Balsamico
Salz
½ Bund Schnittlauch

20 MIN + 12 MIN X 4

♥ Den Ofen auf 200 °C vorheizen. Ein Backblech mit Backpapier auslegen. Die Camemberts auf das Blech legen. Die Tomaten waschen und halbieren. Mit einem kleinen Löffel das Fruchtfleisch entfernen und in einer Schüssel auffangen. Die Tomatenschalen vierteln. Den Käse mit den Tomaten belegen und pfeffern. Restliche Tomatenviertel klein hacken und zum Fruchtfleisch geben.

♥ Die Mandeln grob hacken und über den Käse streuen. In einer Schüssel Öl, Honig oder Sirup und Essig mischen, mit Salz und Pfeffer abschmecken. Je 1/2 EL der Marinade über den Käse träufeln. Die restliche Marinade zum Tomatenfruchtfleisch geben.

♥ Auf der mittleren Schiene im Backofen 10–12 Minuten backen. Inzwischen den Schnittlauch waschen, trocken schütteln und in Röllchen schneiden. Den Käse aus dem Ofen nehmen, mit den Schnittlauchröllchen bestreuen und mit der Tomatenmischung servieren.

LINSENGEMÜSE

NACH CONNYS ART

100 g Belugalinsen
200 g gelbe Linsen
200 g rote Linsen
1 Süßkartoffel
1 Karotte
1 Pastinake
3 Stangen Staudensellerie
2 rote Zwiebeln
1 rote Paprika
4 getrocknete Tomaten
3–4 EL Olivenöl
250 ml Gemüsebrühe
1 TL Kräuter der Provence
Salz
frisch gemahlener Pfeffer
1–2 EL Apfelessig

35 MIN X 4

♥ Die Linsen in einem Sieb mit kaltem Wasser abbrausen, abtropfen lassen und nach Packungsanleitung gar kochen. Abgießen und beiseitestellen. Süßkartoffel, Karotte und Pastinake schälen und klein schneiden. Den Sellerie waschen, putzen und ebenfalls klein schneiden. Die Zwiebeln abziehen und klein würfeln. Die Paprika waschen, von Samen und Scheidewänden befreien und in kleine Stücke schneiden. Die getrockneten Tomaten klein schneiden.

♥ In einer großen Pfanne das Olivenöl erhitzen. Süßkartoffel, Karotte und Pastinake 5 Minuten unter ständigem Rühren anschwitzen, sie sollten noch bissfest sein. Staudensellerie dazugeben und weitere 5 Minuten braten. Paprika, Tomaten und Linsen zufügen, alles gut vermischen und mit der Gemüsebrühe aufgießen. Mit Kräutern der Provence, Salz und Pfeffer würzen. Weitere 10–15 Minuten bei geringer Temperatur schmoren, bis alles gut miteinander verbunden ist. Zuletzt mit Apfelessig und nochmals mit Salz und Pfeffer abschmecken.

TIPP

Das Linsengemüse schmeckt sehr gut zu Fisch.

DICHTE NEBELSCHWADEN ZIEHEN
ÜBER DEN FLUSS UND VERBREITEN
EINE VERZAUBERTE STIMMUNG.

PFANNENGEMÜSE

MIT DATTELN

3 rote Paprika
10–12 getrocknete Tomaten
6 mittelgroße Karotten
1 Knoblauchzehe
2 große Zucchini
4 große Datteln
40 g Pinienkerne
8 Scheiben Ciabatta
6 EL Olivenöl
2 TL getrockneter Thymian
Salz
frisch gemahlener Pfeffer
1 TL Piment
½–1 EL Honig
250 g Schafskäse

35 MIN X 4–6

♥ Den Backofen auf 250 °C auf Grillstufe vorheizen. Ein Backblech mit Aluminiumfolie auslegen. Die Paprika waschen, vierteln und von Samen und Scheidewänden befreien. Mit der Hautseite nach unten auf die Alufolie legen und auf der obersten Schiene im Backofen 3–4 Minuten grillen, bis die Haut Blasen wirft. Mit der Folie aus dem Ofen nehmen. Die Alufolie über den Schoten zusammenfalten und in eine Plastiktüte legen, etwa 10 Minuten ruhen lassen. Anschließend die Paprika aus der Folie wickeln und die Haut abziehen.

♥ Die getrockneten Tomaten 10 Minuten in heißem Wasser einweichen und klein schneiden. Karotten schälen, Knoblauchzehe abziehen und alles in dünne Scheiben schneiden. Die Zucchini waschen, putzen und klein würfeln. Datteln entkernen und klein würfeln. Die Pinienkerne in einer Pfanne ohne Fett goldbraun rösten. Das Brot in Würfel schneiden. In einer Pfanne 3 EL Olivenöl erhitzen und die Brotwürfel 4–5 Minuten goldbraun braten. Aus der Pfanne nehmen und zur Seite stellen.

♥ Das restliche Öl erhitzen, zunächst die Karotten 2–3 Minuten anschwitzen, den Knoblauch dazugeben und kurz anbraten. Zucchini und Tomaten zugeben und weitere 5 Minuten braten, anschließend Paprika und Datteln zufügen und 3 Minuten mitbraten. Mit Thymian, Salz, Pfeffer, Piment und Honig abschmecken. Den Schafskäse würfeln. Das Gemüse auf Tellern oder in Schüsseln servieren, mit Pinienkernen, Brot- und Schafskäsewürfeln anrichten.

TIPP

Das Gericht schmeckt warm oder kalt sehr gut.

PENNE
MIT TOMATEN-BASILIKUM-SAUCE

500–600 g Penne
Salz
800 g Tomaten
2 mittelgroße Zwiebeln
2 Knoblauchzehen
2–3 EL Olivenöl
2–3 EL Tomatenmark
1 Prise Zucker
frisch gemahlener Pfeffer
½ Bund Basilikum
8–10 Cocktailtomaten
3–4 EL geriebener Parmesan

15 MIN + 35 MIN X 4

♥ Die Penne nach Packungsanleitung in reichlich Salzwasser al dente kochen. Inzwischen die Tomaten 2 Minuten in kochendem Wasser blanchieren, abschrecken und schälen. Die Zwiebeln und Knoblauchzehen abziehen und fein hacken. Das Öl in einer Pfanne erhitzen und Zwiebeln und Knoblauch 2–3 Minuten anschwitzen. Geschälte Tomaten und Tomatenmark zufügen. Zugedeckt 30–35 Minuten köcheln lassen, gelegentlich umrühren. Mit Zucker, Salz und Pfeffer abschmecken.

♥ Basilikum waschen, trocken schütteln, die Blätter abzupfen und in Streifen schneiden. Cocktailtomaten waschen und halbieren. Die Penne in Schälchen füllen und mit der Tomatensauce servieren. Basilikum, Cocktailtomaten und Parmesan darüberstreuen.

AUFLAUF

MIT ZUCCHINI, TOMATE UND MOZZARELLA

2 Zucchini (etwa 400 g)
200 g rote Tomaten
100 g gelbe Tomaten
5 Frühlingszwiebeln
250 g Mozzarella
5–7 Stängel Basilikum
Salz
frisch gemahlener Pfeffer
2–3 EL Olivenöl
Balsamico-Creme

25 MIN + 40 MIN X 4

♥ Den Backofen auf 200 °C vorheizen. Zucchini und Tomaten waschen, Zucchini in dünne Streifen hobeln und Tomaten in Scheiben schneiden. Die Frühlingszwiebeln putzen, waschen und in dünne Ringe schneiden. Den Mozzarella in Scheiben schneiden. Basilikum waschen, trocken schütteln, die Blätter abzupfen und in dünne Streifen schneiden.

♥ Zucchini, Tomaten, drei Viertel der Frühlingszwiebeln, die Hälfte des Mozzarellas und drei Viertel der Basilikumblätter in eine ofenfeste Form geben, salzen und pfeffern und vorsichtig vermischen. Den übrigen Mozzarella auf dem Auflauf verteilen und mit den restlichen Frühlingszwiebeln und Basilikumblättern bestreuen. Mit Olivenöl beträufeln.

♥ Im Backofen auf der untersten Schiene 35–40 Minuten backen. Die Form aus dem Ofen nehmen, den Auflauf mit der Balsamico-Creme beträufeln und sofort servieren.

TIPP

Der Auflauf ist recht mild. Wer etwas mehr Schärfe möchte, verteilt auf dem Auflauf Chiliflocken oder 2–3 EL gehackte scharf gewürzte Nüsse.

AUS DER ERDE

Wer einen Garten mit einem eigenen Beet hat, weiß, dass die saftige Erde auch im Herbst und Winter allerlei Gutes zu bieten hat. Man zieht saftige Knollen aus der Erde und riecht schon regelrecht, wie gut sie schmecken werden. Auch wenn Sie kein eigenes Beet haben, so können Sie ebenso auf dem Markt die ganze Vielfalt von Herbst und Winter bekommen. Auf diesem Weg kommt die Natur direkt auf Ihren Tisch. Und tatsächlich schmecken in der kalten Jahreszeit auch gerade diese deftigen, herzhaften Gemüsesorten besonders gut. Probieren Sie es aus!

20 g Rote Bete (vorgekocht)
100 g Mischbutter (aus Butter und Öl, z. B. Kaergarden)
1-2 TL Limettensaft
Salz

10 MIN · X 4

BUTTER
MIT ROTER BETE

♥ Rote Beten in kleine Stücke schneiden. Mit der weichen Butter in einem Mixer oder mit dem Stabmixer pürieren. Mit Limettensaft und Salz abschmecken. Die Butter in kleine Förmchen füllen und kalt stellen.

TIPP

Die Butter schmeckt gut zu salzigem Gebäck.

ROTKOHLSALAT
MIT ROTER BETE UND GORGONZOLA

450 g Rotkohl
2 kleine Römersalate
3 EL Haselnüsse
3 EL Sonnenblumenkerne
150 g Gorgonzola
4 Rote Beten (400 g, vorgekocht)
1 EL Olivenöl
1 TL Kreuzkümmelsamen

FÜR DIE VINAIGRETTE
2–3 EL weißer Balsamico
1 TL Honig
2 TL Dijon-Senf
Salz
frisch gemahlener Pfeffer
5 EL Sesamöl

30 MIN X 4

♥ Die äußeren Blätter vom Rotkohl entfernen. Den Rotkohl vierteln, dabei den Strunk entfernen und die Blätter in dünne Streifen schneiden. Den Römersalat waschen, trocken schütteln und in mundgerechte Stücke zupfen. In einer Pfanne ohne Fett zuerst die Haselnüsse 4–6 Minuten rösten, herausnehmen, dann die Sonnenblumenkerne 3–5 Minuten, zur Seite stellen. Den Gorgonzola klein würfeln. Rote Bete klein schneiden. Das Öl in einer Pfanne erhitzen, Kreuzkümmel und die Roten Beten dazugeben und 3–5 Minuten anschwitzen.

♥ Für die Vinaigrette Balsamico, Honig, Senf, Salz und Pfeffer verquirlen. Das Öl tröpfchenweise unterschlagen. Alles bis auf die Nüsse und Kerne auf Tellern anrichten. Die Vinaigrette über den Salat träufeln und mit den Nüssen und Kernen bestreuen.

1 kg weißer Spargel
1 kg grüner Spargel
3–4 EL Olivenöl
grobes Meersalz

FÜR DAS DRESSING
1 Bund Kerbel
300 g Naturjoghurt (3,8 % Fett)
Salz
frisch gemahlener Pfeffer
Zucker
1 Spritzer Zitronensaft
1 Bund Schnittlauch

35 MIN   X 4

SPARGELSALAT

MIT KERBELSAUCE

♥ Den weißen Spargel schälen, den grünen Spargel waschen und nur im unteren Drittel schälen. Beide in 5–6 cm lange Stücke schneiden. Olivenöl in einer Pfanne erhitzen, den weißen Spargel 3–5 Minuten anschwitzen, dann den grünen Spargel dazugeben und weitere 10–12 Minuten braten. Mit Meersalz würzen.

♥ Für das Dressing den Kerbel waschen, trocken schütteln und grob zerkleinern. Mit dem Joghurt im Mixer oder mit einem Stabmixer pürieren. Mit Salz, Pfeffer, Zucker und Zitronensaft abschmecken.

♥ Den Schnittlauch waschen, trocken schütteln und in kleine Röllchen schneiden. Den Spargel auf Tellern anrichten, das Dressing darüberträufeln und mit den Schnittlauchröllchen servieren.

TIPP

Schmeckt kalt oder warm sehr gut.

LACHS

IN SENFSAUCE MIT FRÜHLINGSZWIEBELN

FÜR DEN LACHS
3 EL süßer körniger Senf
2 TL weißer Balsamico
1 Spritzer Zitronensaft
100 ml Sonnenblumenöl
1 TL Salz
weißer Pfeffer
1 Prise Zucker
100 g geräucherter Lachs in Scheiben
4 Frühlingszwiebeln
2–3 EL fein gehackter Dill

15 MIN X 4

♥ Den Senf mit Balsamico und Zitronensaft in einer Schüssel mischen. Das Öl zunächst tropfenweise, dann in einem dünnen Strahl unter Rühren dazugießen. Mit Salz, Pfeffer und Zucker abschmecken.

♥ Den Lachs in kleine Stückchen schneiden. Frühlingszwiebeln waschen, putzen und in dünne Ringe schneiden. Den Lachs und die Frühlingszwiebeln vorsichtig unter die Senfsauce heben. Mit dem gehackten Dill servieren.

SONNENBLUMENBROT

FÜR DAS BROT
1 Würfel frische Hefe (42 g)
500 g Weizenvollkornmehl
1½ EL Obstessig
1½ TL Honig
1½ TL Salz

Butter für die Form

ZUM BESTREUEN
2–3 EL Sonnenblumenkerne

10 MIN + 1 STD X 1 BROT

♥ Den Backofen auf 200 °C vorheizen. Eine Kastenform (30 cm Länge) mit Butter ausfetten. Die Hefe in einer kleinen Schüssel zerkrümeln und mit 250 ml lauwarmem Wasser verrühren. Das Mehl mit Essig, Honig und Salz in einer großen Schüssel verrühren. Die aufgelöste Hefe mit weiteren 220–250 ml Wasser zum Mehl geben, alles zu einem glatten Teig verarbeiten. Den Brotteig in die Form füllen und mit den Sonnenblumenkernen bestreuen. Im Backofen 50–60 Minuten backen.

RADIESCHENCREME

MIT KRABBEN AUF BRÖTCHEN

200 g geschälte Krabben, natur
100 g Mayonnaise
50 g Sauerrahm
2 EL griechischer Joghurt
1–2 TL Meerrettich
1–2 TL Zitronensaft
Salz
frisch gemahlener Pfeffer
½ Bund Schnittlauch
1 Bund Radieschen mit Grün

12 Kastanien (Mini-Laugenbrötchen)

15 MIN X 12

♥ Die Krabben abtropfen lassen. Mayonnaise, Sauerrahm und Joghurt in einer Schüssel verrühren. Meerrettich mit Zitronensaft unterrühren und mit Salz und Pfeffer abschmecken.

♥ Den Schnittlauch waschen und gut trocken schütteln, in kleine Röllchen schneiden. Schnittlauch und Krabben unter die Creme heben und alles gut vermischen. Die Radieschen waschen. Von der Hälfte des Bunds das Grün abschneiden und klein hacken. Die Hälfte der Radieschen in Scheiben oder in kleine Stifte schneiden. Alles zur Creme geben und vermischen. Die Brötchen halbieren und die untere Hälfte mit der Creme bestreichen. Die obere Hälfte leicht aufdrücken. Die Brötchen mit den restlichen Radieschen samt Grün servieren.

2–3 Stangen grüner Spargel
1 kleine rote Zwiebel
2 TL Olivenöl
2 Avocados
2 EL Sauerrahm
Salz
frisch gemahlener Pfeffer

8 Scheiben Vollkornbrot

15 MIN · X 4

AVOCADOBROT

MIT SPARGEL

♥ Den grünen Spargel waschen, im unteren Drittel schälen und die Enden abschneiden. Wasser in einem Topf zum Kochen bringen und den Spargel etwa 8 Minuten gar kochen.

♥ Die Zwiebel abziehen und fein hacken. Öl in einer Pfanne erhitzen, die Zwiebeln 5–7 Minuten anschwitzen und abkühlen lassen. Die Avocados längs halbieren, den Kern entfernen, das Fruchtfleisch mithilfe eines Löffels aus der Schale lösen und mit der Gabel zerdrücken. Den Sauerrahm und die Zwiebeln dazugeben und alles gut verrühren. Mit Salz und Pfeffer abschmecken.

♥ Den Spargel kurz abkühlen lassen und in kleine Stückchen schneiden, vorsichtig unter das Mus heben. Vier Brotscheiben mit dem Avocado-Spargel-Mus bestreichen. Jeweils eine zweite Scheibe darauflegen und leicht andrücken.

KAROTTENSUPPE

MIT CURRY UND PFLAUMENMUS

500 g Karotten
200 g Kartoffeln
2 kleine Zwiebeln
2 Knoblauchzehen
2 EL Olivenöl
500 ml Gemüsebrühe
Salz
frisch gemahlener Pfeffer
½ TL Curry
100 ml Milch
1 EL Pflaumenmus
1–2 TL Zitronensaft
Chiliflocken

30 MIN x 4

♥ Karotten und Kartoffeln schälen und in Würfel mit etwa 1 cm Kantenlänge schneiden. Zwiebeln und Knoblauchzehen abziehen und fein hacken. Das Öl in einem Topf erhitzen und Karotten, Kartoffeln, Zwiebel und Knoblauch 3–5 Minuten anschwitzen. Die Brühe hinzufügen und die Suppe bei mittlerer Temperatur 10–15 Minuten kochen.

♥ Mit Salz, Pfeffer und Curry würzen. Die Milch und das Pflaumenmus dazugeben, aufkochen und dann mit dem Stabmixer pürieren. Mit Zitronensaft, Chiliflocken und ggf. Salz und Pfeffer abschmecken.

TIPP

Das Pflaumenmus gibt der Suppe eine fruchtige Note, zu viel davon verleiht ihr allerdings eine bräunliche Farbe.

EIN KLEINES PÄUSCHEN
NACH DEM MARKTBESUCH
KANN JEDER BRAUCHEN.

KARTOFFELSUPPE

MIT PORTULAK UND SCHWARZEM RETTICH

1 Zwiebel
1 Knoblauchzehe
600 g fest kochende Kartoffeln
1 EL Olivenöl
800 ml Gemüsebrühe
350 g schwarzer Rettich
½ Bund Portulak
200 ml Sahne
Salz
frisch gemahlener Pfeffer

30 MIN X 4

♥ Zwiebel und Knoblauch abziehen und klein hacken. Kartoffeln schälen und in Würfel mit etwa 1 cm Kantenlänge schneiden. Das Öl in einem Topf erhitzen, Zwiebel und Knoblauch 6 Minuten darin anschwitzen. Kartoffeln dazugeben und weitere 2–3 Minuten anschwitzen. Mit der Gemüsebrühe aufgießen und bei kleiner Temperatur 7–8 Minuten kochen, bis die Kartoffeln fast gar sind.

♥ Inzwischen den Rettich schälen, 50 g Rettich fein reiben und zur Seite stellen. Den restlichen Rettich in dünne Scheiben schneiden. Die Scheiben zur Suppe geben und weitere 8–10 Minuten kochen, bis der Rettich gar ist. Die Suppe von der Herdplatte nehmen und mit einem Stabmixer pürieren.

♥ Den Portulak waschen, trocken schütteln und einige Zweige für die Dekoration beiseitelegen. Den restlichen Portulak mit der Sahne zur Suppe geben und nochmals pürieren. Die Suppe kurz aufkochen und mit Salz und Pfeffer abschmecken. Sofort in kleine Schalen füllen und mit Portulak und geriebenem Rettich servieren.

500 g Topinambur
300 g festkochende Kartoffeln
500 ml Gemüsebrühe
300 ml Milch
6–8 Stängel frischer Majoran
2 orangefarbene Minipaprika
3–4 EL Sahne
Salz
frisch gemahlener Pfeffer
3 EL Chiliflocken

35 MIN X 4

TOPINAMBURSUPPE

MIT KARTOFFELN

♥ Topinambur und Kartoffeln schälen und in etwa 3 cm große Stücke schneiden. In einem Topf Brühe, Milch, Topinambur und Kartoffeln aufkochen und bei niedriger Temperatur 15–20 Minuten kochen, bis das Gemüse gar ist.

♥ Inzwischen Majoran waschen und trocken schütteln. Minipaprika waschen und putzen, dabei Samen und Scheidewände entfernen. In dünne Ringe schneiden. Den Topf von der Herdplatte nehmen und die Suppe mit einem Stabmixer pürieren. Die Sahne einrühren und mit Salz, Pfeffer und Chiliflocken abschmecken. Die Suppe in Schälchen füllen mit Majoran und Paprikaringen servieren.

BUNTE ZWIEBELN

GEBACKEN, MIT KNOBLAUCH

3 große rote Zwiebeln
6 Schalotten
8 Frühlingszwiebeln
2–3 Knoblauchzehen
100 ml Olivenöl
Salz
frisch gemahlener Pfeffer

20 MIN + 30 MIN   X 3–4

♥ Den Backofen auf 200 °C vorheizen. Zwiebeln und Schalotten abziehen. Die Zwiebeln achteln und die Schalotten vierteln. Die Frühlingszwiebeln putzen, waschen und längs in Streifen schneiden. Den Knoblauch abziehen und in dünne Scheiben schneiden. Alles in einer ofenfesten Form verteilen, das Olivenöl darüberträufeln, salzen und pfeffern. Im Backofen auf der mittleren Schiene 25–30 Minuten backen, bis die Zwiebeln gar sind.

TIPP

Frisch gehackte Rosmarinnadeln geben dem Gericht eine besondere Note. Die Zwiebeln schmecken einfach so oder als Beilage zu Kurzgebratenem.

PANIERTER SELLERIE

MIT CHAMPIGNONS

2 Knollen Sellerie (à 450 g)
Saft von 1 Zitrone
Salz
frisch gemahlener Pfeffer
2 Eier
80 g Mehl
60 g Semmelbrösel
50 g Parmesan, gerieben
2–3 EL gehackte glatte Petersilie
3–4 EL Öl

FÜR DIE CHAMPIGNONS

250 g braune Champignons
1–2 EL Olivenöl
Salz
frisch gemahlener Pfeffer

ZUM BESTREUEN

5–6 EL gehackte Petersilie
geriebener Parmesan, nach Belieben

40 MIN   X 4

♥ Den Sellerie schälen und in 1 cm dicke Scheiben schneiden. In einem Topf Wasser mit Zitronensaft zum Kochen bringen. Den Sellerie 12–15 Minuten kochen, bis er fast gar ist. Mit kaltem Wasser abschrecken, vorsichtig trocken tupfen, salzen und pfeffern.

♥ Zum Panieren die Eier in einem tiefen Teller aufschlagen und verquirlen. Das Mehl und die Semmelbrösel, gemischt mit Parmesan und gehackter Petersilie, auf zwei weitere Teller verteilen. Die Selleriescheiben zunächst im Mehl wenden, dann durch das verquirlte Ei ziehen und zuletzt in der Parmesan-Semmelbrösel-Mischung wälzen. In einer Pfanne 1–2 EL Öl erhitzen, die Scheiben von jeder Seite goldbraun braten, währenddessen das übrige Öl zugeben. Aus der Pfanne nehmen und auf Küchenpapier abtropfen lassen.

♥ Für die Beilage die Champignons putzen und in Scheiben oder kleine Stückchen schneiden. Das Olivenöl in einer Pfanne erhitzen und die Champignons 5–10 Minuten anbraten, dabei mehrfach wenden; mit Salz und Pfeffer würzen. Den Sellerie mit den Champignons auf Tellern anrichten, mit Petersilie und nach Belieben mit Parmesan bestreuen.

TIPP

Dazu schmeckt Kräuterquark.

KOHLRABI

MIT LACHS UND RICOTTA

4 große Knollen Kohlrabi
Salz
1 EL Olivenöl

FÜR DIE FÜLLUNG
100 g geräucherter Lachs
200 g Ricotta
2–3 TL Sahnemeerrettich
frisch gemahlener Pfeffer
4 EL grob geriebener Parmesan

4 EL Schnittlauchröllchen

35 MIN + 20 MIN — X 4

♥ Kohlrabi waschen und nach Bedarf bräunliche Stellen wegschneiden. In reichlich Salzwasser 13–15 Minuten kochen, abgießen und mit kaltem Wasser abschrecken. Jeweils einen flachen Deckel abschneiden. Das Innere mit einem Löffel herauslösen und klein würfeln, dabei einen Rand von 8–10 mm stehen lassen. Das Öl in einer Pfanne erhitzen und die Kohlrabiwürfel 5–7 Minuten anschwitzen.

♥ Den Backofen auf 200 °C vorheizen. Den Lachs klein schneiden und mit dem Ricotta und dem Meerrettich in eine Schüssel geben. Drei Viertel der Kohlrabiwürfel dazugeben, salzen und pfeffern und alles gut verrühren. Die Kohlrabiknollen mit der Mischung füllen und mit je 1 EL Parmesan bestreuen. In eine ofenfeste Form geben, die restlichen Kohlrabiwürfel zugeben und im Backofen auf der mittleren Schiene 20 Minuten backen. Mit den Schnittlauchröllchen bestreuen und mit der restlichen Lachs-Ricotta-Mischung servieren.

SAFTIG GRÜN LEUCHTET DER WALD, BESONDERS NACH EINEM REGENSCHAUER.

SÜSSKARTOFFELN

MIT SCHAFSKÄSE UND OREGANO

4 Süßkartoffeln (à 260 g)
1 EL Öl
4 EL geriebener Parmesan

FÜR DIE BEILAGE
1 Knoblauchzehe
10–12 Stängel Oregano
1 TL frisch gepresster Zitronensaft
etwas Abrieb von einer unbehandelten Zitrone
7 EL Olivenöl
200 g Schafskäse
10–12 schwarze Oliven

20 MIN + 40 MIN · X 4

♥ Den Backofen auf 200 °C vorheizen. Ein Backblech mit Backpapier auslegen. Die Süßkartoffeln längs halbieren und die Schnittflächen mit Öl bepinseln. Im Backofen auf der mittleren Schiene 30–35 Minuten backen, bis die Kartoffeln fast gar sind. Jeweils 1 EL Parmesan auf die Oberfläche streuen und weitere 5 Minuten backen.

♥ Die Knoblauchzehe abziehen und durch eine Presse drücken. Oregano waschen, trocken schütteln und vier Stängel für die Dekoration beiseitelegen. Von den restlichen Stängeln die Blättchen abzupfen und fein hacken. Knoblauch, Oregano, Zitronensaft und -abrieb in eine Schüssel geben, das Öl hinzufügen und alles gut vermischen. Den Schafskäse würfeln und vorsichtig unter die Ölmischung heben. Die Kartoffeln auf Tellern anrichten und mit dem Schafskäse und den Oliven servieren. Mit Oregano garnieren.

TOMATENSAUCE

MIT KARTOFFELN UND BLUMENKOHL

6 mittelgroße festkochende Kartoffeln
1 kleiner Blumenkohl
2 mittelgroße Zwiebeln
3 Knoblauchzehen
10 Cocktailtomaten
10 g Ingwer
800 g Tomaten
5 EL Olivenöl
3 TL Kreuzkümmel
Salz
Chiliflocken

3–4 EL frisch gehackte Petersilie oder Koriander

20 MIN + 25 MIN · X 4

♥ Die Kartoffeln schälen und in Würfel mit 2–3 cm Kantenlänge schneiden. Den Blumenkohl waschen und in Röschen teilen. Zwiebeln und Knoblauchzehen abziehen und fein hacken. Cocktailtomaten waschen und vierteln. Den Ingwer schälen und fein reiben. Die Tomaten 2 Minuten in kochendem Wasser blanchieren, abschrecken und schälen.

♥ Das Öl in einem Topf erhitzen, Zwiebeln und Kreuzkümmel dazugeben und anschwitzen. Cocktailtomaten und geschälte Tomaten in den Topf geben, alles verrühren. Ingwer und Knoblauch zufügen und mit Salz und Chiliflocken abschmecken.

♥ Kartoffeln und Blumenkohl dazugeben und 20–25 Minuten bei niedriger Temperatur kochen, bis sie gar sind. Noch einmal mit Salz und Chiliflocken abschmecken. Mit Petersilie oder Koriander servieren.

KARTOFFELPUFFER

MIT KAROTTEN, KOHLRABI UND BIRNE

FÜR DIE PUFFER
500 g festkochende Kartoffeln
200 g Karotten
100 g Kohlrabi
1 Zwiebel
½ Bund Schnittlauch
1 Ei
Salz
frisch gemahlener Pfeffer
1 EL Sonnenblumenöl
1 EL Butter

FÜR DIE BIRNEN
2 kleine reife Birnen
2 EL heller Rübensirup

40 MIN — X 3–4

♥ Kartoffeln, Karotten und Kohlrabi waschen, schälen und mittelfein raspeln. Die Zwiebel abziehen und ebenfalls reiben. Den Schnittlauch waschen, trocken schütteln und in Röllchen schneiden. Die Hälfte des Schnittlauchs mit Kartoffeln, Karotten, Kohlrabi, Zwiebeln und Ei vermengen, salzen und pfeffern. Falls die Puffermasse zu flüssig ist, das Wasser abgießen.

♥ Öl und Butter in einer Pfanne erhitzen, mit den Händen oder mithilfe zweier Löffel kleine Puffer formen und in der Pfanne von jeder Seite 3–5 Minuten braten. Auf einem Küchentuch abtropfen lassen.

♥ Die Birnen waschen und in 4–5 mm dicke Scheiben schneiden. Eine beschichtete Pfanne ohne Fett erhitzen und die Birnen von jeder Seite 2–3 Minuten anbraten. Den Sirup in die Pfanne geben und die Birnenscheiben darin wenden. Die Puffer mit den restlichen Schnittlauchröllchen bestreuen und mit der gebratenen Birne servieren.

TIPP

Die Puffer schmecken gut mit Kräuterquark.

KARTOFFELPIZZEN

MIT SARDELLEN

FÜR DEN TEIG
400 g Mehl (Type 550)
1 Päckchen Trockenhefe
1 TL Salz
2 EL Olivenöl

FÜR DEN BELAG
6 mittelgroße festkochende Kartoffeln
200 g Sauerrahm (20–29 % Fett)
80 g Sardellen (aus der Dose)
3 EL Rosmarinnadeln
1 TL Salz
frisch gemahlener Pfeffer
100 g Emmentaler, gerieben
4–5 EL geriebener Parmesan
2 EL Olivenöl
2 kleine rote Zwiebeln

25 MIN + 40 MIN + 15 MIN

X 16 MINI-PIZZEN (12 CM Ø)

♥ Das Mehl mit der Trockenhefe und dem Salz mischen. Olivenöl und 270 ml Wasser hinzufügen und mit den Händen 6–8 Minuten zu einem glatten Teig verarbeiten, eventuell etwas mehr Wasser zufügen. Abgedeckt an einem warmen Ort 35–40 Minuten gehen lassen, bis sich das Volumen verdoppelt hat. Inzwischen die Kartoffeln schälen und in Salzwasser 20–25 Minuten gar kochen. Abkühlen lassen und in 3–4 mm dünne Scheiben schneiden.

♥ Den Backofen auf 240 °C vorheizen. Zwei Backbleche mit Backpapier auslegen. Den Teig nochmals durchkneten und dünn ausrollen. Kleine Kreise mithilfe einer Schale o. ä. ausstechen und auf das Backblech legen. Den Sauerrahm auf die Mini-Pizzen verteilen und verstreichen.

♥ Die Kartoffelscheiben auf die Pizzen verteilen. Die Sardellen abtropfen lassen und in kleine Stücke schneiden. Einige Rosmarinnadeln beiseitelegen, die übrigen fein hacken und mit den Sardellen auf die Pizzen verteilen. Salzen und pfeffern, mit Emmentaler und Parmesan bestreuen. Das Öl darüberträufeln. Die Zwiebeln abziehen, in schmale Ringe schneiden und über den Pizzen verteilen. Im Backofen auf der mittleren Schiene 15 Minuten backen. Die Pizzen mit den restlichen Rosmarinnadeln garnieren und servieren.

500 g grüner Spargel
500 g weißer Spargel
50 g Butter
Salz
frisch gemahlener Pfeffer
1 Prise Zucker

FÜR DAS RISOTTO
6 EL Olivenöl
500 g Risotto-Reis (z. B. Arborio)
50 g Parmesan, gerieben
10 g Butter
4–5 Stängel Kerbel

45 MIN + 25 MIN   X 4

RISOTTO

MIT GRÜNEM UND WEISSEM SPARGEL

♥ Den grünen Spargel waschen und nur im unteren Drittel, den weißen Spargel ganz schälen. Die Schalen in einen großen Topf mit 1,5 l Wasser geben, die Spargelbrühe 45 Minuten köcheln lassen.

♥ Den Spargel in 1 cm dicke Scheiben schneiden, die Spitzen ganz lassen. In einer Pfanne die Butter erhitzen und den Spargel 3–5 Minuten anbraten, mit 4–5 EL Wasser ablöschen. Mit Salz, Pfeffer und Zucker abschmecken, beiseitestellen und ziehen lassen.

♥ Das Öl in einer großen Pfanne erhitzen und den Reis einrühren. Soviel Spargelbrühe aufgießen, dass der Reis gerade davon bedeckt ist. Unter ständigem Rühren bei kleiner Temperatur köcheln lassen, bis die Flüssigkeit fast verdampft ist. Diesen Vorgang wiederholen, bis der Reis gar, aber noch bissfest ist, das dauert 15–25 Minuten.

♥ Den Spargel mit der Flüssigkeit dazugeben. Parmesan und die restliche Butter untermischen, noch einmal mit Salz und Pfeffer abschmecken. Den Kerbel waschen, trocken schütteln und das Risotto damit garnieren.

AUFLAUF

MIT SPARGEL UND ZUCCHINI

2 kleine Zwiebeln
1 mittelgroße Karotte
4–5 Stangen dicker weißer Spargel
1 kleine Zucchini
2 EL Olivenöl
Salz
frisch gemahlener Pfeffer
100 g Mozzarella
6–8 Stängel Basilikum
200 ml Milch
50 g Gorgonzola
2–3 Scheiben Baguette
½ EL Olivenöl
1 Knoblauchzehe

25 MIN + 20 MIN X 2

♥ Den Backofen auf 220 °C vorheizen. Die Zwiebeln abziehen und fein hacken. Die Karotte und den Spargel schälen, die Karotte in kleine Würfel, den Spargel in dünne Scheiben schneiden. Die Zucchini waschen und klein würfeln.

♥ Das Öl in einer Pfanne erhitzen und das Gemüse bei mittlerer Temperatur 10–12 Minuten anbraten, bis es fast gar ist. Mit Salz und Pfeffer würzen. Das Gemüse in eine feuerfeste Form verteilen. Mozzarella in kleine Stücke schneiden und darauf verteilen. Basilikum waschen, trocken schütteln, die Blättchen abzupfen und in dünne Streifen schneiden. Die Hälfte über dem Auflauf verteilen.

♥ Die Milch leicht erhitzen, den Gorgonzola dazugeben und unter Rühren schmelzen. Über den Auflauf gießen. Die Brotscheiben mit Öl bepinseln. Die Knoblauchzehe halbieren und mit den Schnittstellen über die Oberfläche des Brotes reiben. Das Knoblauchbrot in dünne Streifen schneiden und über den Auflauf verteilen. Auf der mittleren Schiene im Backofen etwa 20 Minuten backen. Mit dem restlichen Basilikum bestreuen und servieren.

TIPP

Zum Auflauf serviere ich gerne Knoblauchbaguette. Wenn es schneller gehen soll, nehme ich auch tiefgefrorenes Knoblauchbrot. Nach dem Backen schneide ich das Brot in Scheiben, 2–3 Scheiben schneide ich in Streifen und verteile sie über den Auflauf.

KAROTTENAUFLAUF

MIT SCHAFSKÄSE

5 Karotten
2 Knollen Kohlrabi
2 rote Zwiebeln
1–2 Knoblauchzehen
2 EL Olivenöl
500 ml Gemüsebrühe
Salz
frisch gemahlener Pfeffer
200 g Schafskäse
8–10 bunte Cocktailtomaten
½–1 TL Kräuter der Provence
½ TL getrockneter Rosmarin

FÜR DIE DEKORATION
3–4 Zweige frischer Oregano

25 MIN + 17 MIN X 4

♥ Karotten und Kohlrabi schälen, Karotten in dünne Streifen und Kohlrabi in kleine Stücke schneiden. Zwiebel und Knoblauch abziehen, Zwiebeln in dünne Ringe und Knoblauch in dünne Scheiben schneiden.

♥ Das Olivenöl in einer Pfanne erhitzen, Karotten, Kohlrabi und Zwiebelringe 5–7 Minuten anschwitzen, bis sie etwas Farbe bekommen. Den Knoblauch zugeben und die Brühe aufgießen und alles 10–12 Minuten kochen, bis das Gemüse fast gar ist. Mit Salz und Pfeffer würzen. Den Backofen auf 200 °C vorheizen. Den Schafskäse würfeln. Die Tomaten waschen und halbieren.

♥ Das Gemüse abgießen, dabei die Brühe auffangen. In eine ofenfeste Form füllen und Kräuter der Provence, Rosmarin, Schafskäse, Tomaten und 2–3 EL der Brühe darüber verteilen. Auf der mittleren Schiene im Backofen 10–12 Minuten backen, dann die Temperatur auf 225 °C erhöhen und weitere 5 Minuten backen. Oregano waschen, trocken schütteln und den Auflauf damit garnieren.

AUS DER OBSTKISTE

Meine Kinder sind wie ich richtige Schleckermäuler – wie die meisten Menschen. Deshalb gibt es bei uns auch immer etwas Süßes nach dem Essen oder zum Kaffeeklatsch, sei es ein cremig-fruchtiger Nachtisch oder ein saftiger Kuchen. Die Natur bietet vor allem im Sommer und im Herbst jede Menge Früchte und Beeren, aus denen sich Wunderbares zaubern lässt. Laden Sie Freunde und Familie ein und genießen Sie mit Ihren Lieben Kuchen, Cremes und erfrischende Getränke.

4 rote kleine Äpfel (à 125 g)
Saft von ½ Zitrone

10 MIN + 3 STD · X 4

APFELRINGE

GEBACKEN

♥ Den Backofen auf 80 °C vorheizen. Zwei Backbleche mit Backpapier auslegen. Die Äpfel waschen und trocken tupfen. Das Kerngehäuse ausstechen und die Äpfel in sehr dünne Scheiben schneiden oder hobeln (1–1,5 mm). Die Scheiben auf dem Backpapier verteilen und mit Zitronensaft bestreichen. Im Backofen etwa 2 Stunden trocknen. Wenn die Scheiben noch weich sind, die Temperatur auf 100 °C erhöhen und die Apfelringe weitere 30–60 Minuten trocknen. Den Backofen ausschalten und die Bleche im Ofen lassen, bis sie abgekühlt sind.

APRIKOSEN

MIT BLAUBEERSAUCE UND SAHNECREME

12 reife Aprikosen
3 EL Butter
2 EL Rum (54 %)
3 EL Zucker oder Agavendicksaft

FÜR DIE SAUCE
125 g Blaubeeren
2 TL Zucker
2 TL Kartoffelmehl

FÜR DIE CREME
200 ml Sahne
1 EL flüssiger Honig
150 g griechischer Joghurt

20 MIN   X 4

♥ Die Aprikosen waschen, halbieren und entkernen. In einer Pfanne die Butter schmelzen, Rum und Zucker einrühren, dann die Aprikosen dazugeben und etwa 30 Minuten ziehen lassen. Anschließend die Aprikosen in einer Grillpfanne oder in einer Schale auf dem Grill 2–3 Minuten von jeder Seite grillen, währenddessen mit der Marinade bestreichen.

♥ Für die Sauce die Blaubeeren waschen. In einem Topf 100 g Blaubeeren mit 2–3 EL Wasser bei geringer Temperatur 8–10 Minuten kochen. Zucker einrühren, den Topf von der Herdplatte nehmen und die Blaubeeren mit einem Stabmixer pürieren. Das Kartoffelmehl mit wenig Wasser verrühren und schnell unterrühren, alles noch einmal kurz aufkochen.

♥ Für die Creme die Sahne steif schlagen. Den Honig mit dem Joghurt vorsichtig unterheben. Die gegrillten Aprikosen mit der Sahnecreme und der Blaubeersauce anrichten und mit den restlichen Blaubeeren sofort servieren.

PFIRSICH-HÄLFTEN

MIT MANDELN ÜBERBACKEN

4–5 Pfirsiche
40 g Butter
50 g gehackte Mandeln
40 g Zucker
1 EL Sahne
1 EL Mehl

Butter für die Form

20 MIN + 15 MIN · X 4

♥ Den Backofen auf 225 °C vorheizen. Eine Auflaufform ausfetten. Die Pfirsiche schälen, halbieren, entsteinen und mit der offenen Seite nach unten in die Form legen. In einem kleinen Topf die Butter schmelzen, Mandeln, Zucker, Sahne und Mehl dazugeben und alles gut verrühren. Die Mischung über die Pfirsiche geben und im Backofen auf der mittleren Schiene 15 Minuten backen.

TIPP

Vanilleeis antauen lassen und mit den Quirlen des Handrührgerätes cremig rühren. Nach Belieben 2–3 EL Rum unterrühren und zu den Pfirsichen servieren.

RHABARBER-MUMS

MIT STREUSELN

500 g Rhabarber
100 g Himbeeren
70 g Zucker
2 TL Vanillezucker
1 EL Kartoffelmehl

FÜR DIE STREUSEL
70 g Mehl
35 g grobe Haferflocken
40–50 g Zucker
25 g gestiftete Mandeln
75 g Butter

Butter für die Form

20 MIN + 18 MIN X 4

♥ Den Backofen auf 225 °C vorheizen. Eine ofenfeste Form (30 x 20 cm) ausfetten. Den Rhabarber waschen, schälen und in 1–2 cm lange Stücke schneiden. Die Himbeeren waschen und abtropfen lassen. Rhabarber, Himbeeren, Zucker, Vanillezucker und Kartoffelmehl in einer Schüssel vorsichtig mischen und in die Form füllen.

♥ Für die Streusel das Mehl mit Haferflocken, Zucker und Mandeln mischen. Die Butter in Flöckchen dazugeben und mit den Fingern zu Streuseln verarbeiten. Über dem Obst verteilen. Auf der mittleren Schiene im Backofen 15–18 Minuten backen, bis die Streusel goldbraun sind. Mit Schlagsahne oder Eiscreme servieren.

INFO

„Mums“ ist schwedisch und bedeutet „lecker“.

RHABARBERSUPPE

MIT ERDBEEREN

FÜR DIE SUPPE
500 g Rhabarber
120 g Zucker
2 EL Kartoffelmehl

FÜR DIE DEKORATION
8–10 Erdbeeren
100 ml Schlagsahne
10–12 kleine Mandelkekse

20 MIN X 4

♥ Den Rhabarber waschen, putzen und in 2–3 cm große Stücke schneiden. In einem Kochtopf 1,2 Liter Wasser mit dem Zucker aufkochen. Den Rhabarber dazugeben und 8–10 Minuten kochen, bis er weich ist. Den Topf von der Herdplatte nehmen und nach Belieben pürieren. Das Kartoffelmehl mit wenig Wasser glatt rühren, zufügen und kräftig verrühren. Alles noch einmal kurz aufkochen.

♥ Die Erdbeeren waschen, putzen und klein schneiden. Die Sahne steif schlagen. Die Rhabarbersuppe in Teller oder Schälchen füllen und mit Erdbeeren, Schlagsahne und Mandelkeksen servieren.

GEBÄCK

MIT NÜSSEN UND HIMBEEREN

50 g Butter
1 Ei
200 g gemahlene Haselnüsse
85 g Zucker
2 EL Kakao

FÜR DIE DEKORATION
100 g Himbeeren
200 ml Schlagsahne

15 MIN + 16 MIN   X 30

♥ Den Backofen auf 175 °C vorheizen. Zwei Backbleche mit Backpapier auslegen. Die Butter schmelzen und abkühlen lassen. Das Ei trennen. Das Eigelb mit Haselnüssen, Zucker, Kakao und der zerlassenen Butter in eine Schüssel geben und alles verkneten. Das Eiweiß steif schlagen und vorsichtig mit einer Gabel unter die Masse heben. Mithilfe zweier Teelöffel kleine Häufchen auf das Backpapier setzen. Im Backofen auf der mittleren Schiene 13–16 Minuten backen. Auf dem Blech abkühlen lassen.

♥ Die Himbeeren waschen und abtropfen lassen. Die Sahne steif schlagen. Auf jedes Nussgebäck einen Klecks Sahne geben und mit einer Himbeere dekorieren. Mit der restlichen Sahne und den Himbeeren servieren.

TIPP

Das Schokoladen-Nussgebäck in einer luftdichten Dose aufbewahren.

WAFFELN

AUS BUCHWEIZEN MIT JOGHURT

FÜR DEN TEIG
100 g Butter
3 Eier
50 g Zucker
2 TL Vanillezucker
200 g Buchweizenmehl
1 TL Backpulver
30 g gemahlene Mandeln
1 Prise Salz
200–220 ml Milch

FÜR DIE JOGHURTCREME
300 g griechischer Joghurt (10 % Fett)
2 TL Vanillezucker
2 EL Puderzucker
100 ml Sahne

Butter für das Waffeleisen

200 g Kompott
(z. B. Himbeere oder Erdbeere)

10 MIN + 15 MIN   X 8–9

♥ Die Butter schmelzen und abkühlen lassen. In einer Schüssel die Eier schaumig schlagen. Zucker und Vanillezucker unter Rühren einrieseln lassen. Buchweizenmehl mit Backpulver, gemahlenen Mandeln und Salz mischen und unter die Mischung heben. Die geschmolzene Butter und die Milch nach und nach hinzufügen und alles zu einem glatten Teig verrühren. Das Waffeleisen vorheizen. Die beiden Backflächen mit etwas Butter einpinseln. 3 EL von dem Teig in die Mitte des Eisens geben, gleichmäßig verstreichen. Waffeleisen schließen und den Teig in 2–3 Minuten hellbraun ausbacken. Die fertigen Waffeln auf einem Kuchengitter abkühlen lassen.

♥ Für die Creme Joghurt, Vanillezucker und Puderzucker in einer Schüssel verrühren. Die Sahne steif schlagen und unterheben. Die Waffeln mit der Joghurtcreme und dem Kompott servieren.

PAVLOVA

MIT ERDBEEREN

2 Eiweiß
4 EL Zucker
2 TL Maisstärke
4 EL Mandelblättchen

FÜR DIE FÜLLUNG

8–10 Erdbeeren
2 EL Stachelbeeren
1 EL schwarze Johannisbeeren
150 ml Schlagsahne

20 MIN + 19 MIN   X 6

♥ Den Backofen auf 125 °C vorheizen. Ein Backblech mit Backpapier auslegen. Das Eiweiß schaumig schlagen. Den Zucker langsam einrieseln lassen, dabei weiterschlagen, bis der Eischnee schnittfest und glänzend ist. Die Maisstärke unterrühren. Zuletzt die Mandeln vorsichtig unterheben. Die Masse mithilfe eines Löffels in sechs gleich großen Häufchen auf das Backpapier setzen. In die Mitte mit dem Löffel eine leichte Vertiefung drücken. Auf der untersten Schiene im Backofen 75–90 Minuten trocknen lassen. Die Baisers aus dem Ofen nehmen und abkühlen lassen.

♥ Die Früchte waschen. Die Erdbeeren putzen und in Scheiben schneiden. Die Johannisbeeren von den Rispen streifen. Die Sahne steif schlagen. Die Pavlovas mit geschlagener Sahne und Früchten dekorieren und sofort servieren.

WER MAG IM SOMMER KEINE
DUFTENDEN, PRALLEN
ERDBEEREN, AM BESTEN
FRISCH VOM FELD?

80 g Butter
½ Würfel frische Hefe
150 ml lauwarme Milch
2 EL Zucker
1 Prise Salz
½ TL Zimt
450 g Mehl

FÜR DIE FÜLLUNG
2 Äpfel
40 g Butter
2 EL Zucker
1 TL Zimt

FÜR DIE DEKORATION
1 Ei
3 EL gehackte Haselnüsse
oder Hagelzucker

45 MIN + 75 MIN + 10 MIN
X 14–16

HEFESCHNECKEN

MIT APFELSTÜCKCHEN

♥ Die Butter schmelzen. Die Hefe zerbröckeln und mit der Butter, der Milch und 100 ml lauwarmem Wasser in einer Schüssel glatt rühren. Zucker, Salz, Zimt und 350 g Mehl hinzufügen und mit den Knethacken des Handrührgerätes verrühren. Das restliche Mehl zufügen und den Teig gut durchkneten. Abgedeckt an einem warmen Ort 45 Minuten gehen lassen.

♥ Für die Füllung die Äpfel schälen, vierteln und das Kerngehäuse entfernen. In sehr kleine Stücke schneiden. Die Butter in einer Pfanne schmelzen, Zucker und Zimt zufügen und alles gut vermischen. Beiseitestellen.

♥ Den Teig auf einer bemehlten Arbeitsfläche nochmals durchkneten und halbieren. Jede Hälfte zu einem etwa 20 x 35 cm großen Rechteck ausrollen. Die Rechtecke mit der Butter-Zucker-Zimt-Mischung bestreichen und die Apfelstückchen gleichmäßig darauf verteilen. Von der Längsseite aufrollen und in je neun Stücke schneiden. Mit der Schnittkante auf das Backblech legen und abgedeckt weitere 30 Minuten gehen lassen.

♥ Den Backofen auf 225 °C vorheizen und zwei Backbleche mit Backpapier auslegen. Das Ei verquirlen und die Oberfläche der Schnecken bepinseln. Die Haselnüsse oder den Hagelzucker darüberstreuen. Auf der mittleren Schiene im Backofen 8–10 Minuten backen. Abgedeckt mit einem Tuch, auf dem Gitterrost abkühlen lassen.

TIPP

Die Schnecken lassen sich gut einfrieren.

BEERENTÖRTCHEN

MIT VANILLEPUDDING

240 g Mehl
1 Prise Salz
75 g Zucker
1 TL Vanillezucker
125 g kalte Butter
1 Ei

FÜR DIE FÜLLUNG
125 g Himbeeren
125 g Blaubeeren
1 Packung Vanillepuddingpulver
Milch und ggf. Zucker für den Pudding

Butter und Mehl für die Form

40 MIN + 16 MIN X 12

♥ Den Ofen auf 200 °C vorheizen. Tartelette-Förmchen (12 cm Ø) ausfetten und mehlen und auf ein Backblech stellen. Auf der Arbeitsfläche Mehl, Salz, Zucker und Vanillezucker vermischen. Die Butter in kleinen Stückchen darauf verteilen. Das Ei und 1–2 EL Wasser zufügen und alles mit den Händen rasch zu einem glatten Teig verkneten. Den Teig in zwölf Stücke teilen. Jedes Teigstück in ein Förmchen geben, mit den Fingern glatt drücken und einen kleinen Rand formen. Auf der mittleren Schiene im Backofen 13–16 Minuten backen, bis sie eine leicht goldene Farbe haben. Noch warm vorsichtig aus den Förmchen lösen und abkühlen lassen.

♥ Inzwischen die Beeren waschen und abtropfen lassen. Den Vanillepudding nach Packungsanleitung zubereiten. Je 1 EL Vanillepudding in die Tartelettes füllen und mit den Beeren belegen.

TIPP

Schlagsahne schmeckt hervorragend dazu.

PFANNKUCHEN

MIT FRÜCHTEN UND SAHNE

♥ Die Butter schmelzen und etwas abkühlen lassen. Mehl, Zucker, Vanillezucker und Salz in einer Schüssel mischen. Die Eier und die Hälfte der Milch zufügen und alles zu einem glatten Teig verrühren. Die restliche Milch, die geschmolzene Butter und 50 ml Wasser dazugeben und alles noch einmal gut verrühren.

♥ Butter in einer kleinen Pfanne zerlassen und nacheinander 36–38 Pfannkuchen (etwa 7 cm Ø) backen. Auf einem Kuchengitter abkühlen lassen. Blaubeeren und Erdbeeren waschen und abtropfen lassen. Die Erdbeeren putzen und klein schneiden. Die Banane schälen und in Scheiben schneiden. Die Kerne und die Haselnüsse in einer Pfanne ohne Fett 3–4 Minuten rösten, den Ahornsirup unterrühren und beiseitestellen. Die Sahne steif schlagen. Schichtweise die Pfannkuchen mit Früchten, Sahne und Kernen belegen und sofort servieren.

30 g Butter
100 g Mehl
1 EL Zucker
2 TL Vanillezucker
1 Prise Salz
3 Eier
300 ml Milch

FÜR DIE FÜLLUNG
125 g Blaubeeren
200 g Erdbeeren
1 Banane
2–3 EL gemischte Kerne (z. B. Pinien-, Sonnenblumen- und Kürbiskerne)
2–3 EL gehackte Haselnüsse
3 EL Ahornsirup
300 ml Schlagsahne

Butter zum Ausbacken

30 MIN
X 36–38 PFANNKUCHEN

TIPP

Es können auch große Pfannkuchen gebacken werden.

ZITRONENKUCHEN

MIT CREMEFÜLLUNG

150 g Mehl
40 g Zucker
1 TL Vanillezucker
Abrieb von ½ unbehandelten Zitrone
140 g Butter

FÜR DIE CREME
2 Eier
120 g Zucker
20 g Mehl
Saft und Abrieb von
1 unbehandelten Zitrone

1 unbehandelte Zitrone
Puderzucker zum Bestauben

Butter für die Form

25 MIN + 30 MIN
X 1 KUCHEN

♥ Den Backofen auf 200 °C vorheizen. Eine Backform (24 cm Ø) ausfetten. Mehl, Zucker, Vanillezucker und Zitronenabrieb in einer Schüssel vermischen. Die Butter in Würfeln dazugeben und alles rasch zu einem glatten Teig verarbeiten. Auf einer bemehlten Arbeitsfläche den Teig etwas größer als die Form ausrollen. In die Form geben und fest drücken, dabei einen Rand von 3–4 cm Höhe formen. Mit der Gabel einige Male in den Boden stechen. Auf der mittleren Schiene im Backofen 15 Minuten backen.

♥ Für die Creme die Eier mit dem Zucker schaumig schlagen. Mehl, Zitronensaft und -abrieb dazugeben und alles gut verrühren. Die Creme auf den vorgebackenen Kuchen verteilen und 13–15 Minuten backen, bis die Creme stockt. Falls die Oberfläche zu dunkel wird, die Temperatur zum Ende der Backzeit auf 175 °C reduzieren. Die Zitrone heiß abspülen, trocken tupfen, in dünne Scheiben schneiden und zur Dekoration auf dem Kuchen verteilen. Mit Puderzucker bestauben.

TIPP

Wer den Kuchen noch zitroniger möchte, verteilt die Zitronenscheiben vor dem Backen auf der Creme.

BIRNENTARTE

MIT MANDELN

130 g Butter
250 g Mehl
50 g Zucker

FÜR DIE FÜLLUNG
4 Birnen
2 EL Zucker
2 EL Sahne
2 EL Rübensirup
2 EL gehackte Mandeln
1–2 EL Mandelblättchen

Butter und Mehl für die Form

25 MIN + 20 MIN + 45 MIN
X 1 TARTE

♥ Den Backofen auf 180 °C vorheizen. Eine Tarteform (24 cm Ø) ausfetten und mehlen. Für den Teig Butter, Mehl, Zucker und 2–3 EL Wasser rasch zu einem glatten Teig verkneten. In Frischhaltefolie wickeln und 20 Minuten kühl stellen. Die Birnen waschen und in dünne Spalten schneiden. Mit 1 EL Zucker bestreuen. Den Teig auf einer bemehlten Arbeitsfläche etwas größer als die Form ausrollen. Die Form mit dem Teig auskleiden, dabei einen Rand formen. Den Boden mehrfach mit einer Gabel einstechen. Die Tarte auf der mittleren Schiene im Backofen 10 Minuten backen.

♥ Inzwischen Sahne, Sirup und restlichen Zucker in einem kleinen Topf aufkochen und 5 Minuten köcheln lassen. Die Tarte mit den Birnenscheiben belegen. Die gehackten Mandeln und Mandelblättchen darüberstreuen und 3 EL von der Sauce auf den Birnenscheiben verteilen. Weitere 20–23 Minuten backen. Anschließend die Temperatur auf 225 °C erhöhen, die restliche Sauce auf den Birnen verteilen und weitere 8–12 Minuten backen.

NACH EINEM HERRLICHEN TAG AM STRAND KEHREN DIE MUSCHEL-SAMMLER ZUFRIEDEN HEIM.

SCHOKOKUCHEN

MIT STACHELBEEREN UND SAHNE

200 g Margarine
2 Eier
180 g Zucker
2 TL Vanillezucker
2 gehäufte EL Puderzucker
120 g Mehl
½ TL Backpulver
50 g gemahlene Haselnüsse
4 EL Kakao

FÜR DIE FÜLLUNG
300 g Stachelbeeren
50 g Zucker
1–2 EL heller Rübensirup
1½ EL feine Speisestärke
150 ml Schlagsahne

Puderzucker zum Bestauben

40 MIN + 17 MIN
X 8 (1 KUCHEN)

♥ Den Backofen auf 175 °C vorheizen. Einen Bogen Backpapier so falten, dass eine Fläche von 30 x 25 cm mit Rand entsteht und auf ein Backblech legen. In einer Schüssel die Margarine schaumig rühren und die Eier nacheinander unterrühren. Zucker, Vanille- und Puderzucker dazugeben und alles gut verrühren. Das Mehl mit Backpulver, Haselnüssen und Kakao mischen und gut unterrühren. Den Teig auf das Backpapier geben und glatt streichen. Auf der mittleren Schiene im Backofen 14–17 Minuten backen. Anschließend abkühlen lassen.

♥ Inzwischen die Stachelbeeren waschen und putzen, 8–10 Stachelbeeren für die Dekoration beiseitelegen. In einem Topf 50 ml Wasser zum Kochen bringen. Stachelbeeren, Zucker und Sirup dazugeben und 4–5 Minuten köcheln lassen, je nach Geschmack noch mehr süßen. Von der Herdplatte nehmen. Die Stärke mit wenig Wasser verrühren und schnell unterrühren, noch einmal aufkochen lassen.

♥ Den Kuchen längs halbieren, sodass zwei Böden entstehen. Die Sahne steif schlagen und die untere Hälfte damit bestreichen, etwas Sahne beiseitestellen für die Dekoration. Die Stachelbeeren auf der Sahne verteilen und die obere Teighälfte vorsichtig darauflegen. Den Kuchen in dreieckige Stücke schneiden und jedes Stück mit einem Tupfer Sahne und einer Stachelbeere garnieren. Mit Puderzucker bestauben.

MANDELKUCHEN

IM SOMMERGEWAND

185 g Margarine
130 g Zucker
2 Eier
70 g Mehl
175 g gemahlene Mandeln
2 TL Backpulver
Abrieb von ½ unbehandelten Zitrone
2 EL frisch gepresster Zitronensaft
2 Eiweiß
2 EL Zucker

FÜR DEN BELAG
250 g Erdbeeren
100 g Himbeeren
300 ml Sahne

ZUR DEKORATION
Blumenblüten wie z. B. Kornblumen, Kamillen, Margeriten

Butter und Mehl für die Form

40 MIN + 45 MIN
X 8 (1 KUCHEN)

♥ Den Backofen auf 180 °C vorheizen. Eine Backform (23 cm Ø) ausfetten und mehlen. In einer Schüssel die Margarine schaumig schlagen, den Zucker einrieseln lassen und verrühren. Die Eier nacheinander unterrühren. Mehl, Mandeln und Backpulver mischen und mit Zitronenabrieb und -saft dazugeben. Alles zu einem glatten Teig verrühren. Das Eiweiß schaumig schlagen, den Zucker einrieseln lassen und dabei weiterschlagen, bis das Eiweiß steif ist. Den Eischnee unter den Teig heben und in die Form füllen. Den Kuchen auf der unteren Schiene im Backofen 30–35 Minuten backen. Den Kuchen herausnehmen und für 10 Minuten abkühlen lassen. Dann aus der Form lösen.

♥ Die Erdbeeren waschen, putzen und in Scheiben schneiden. Die Himbeeren waschen und abtropfen lassen. Die Sahne steif schlagen und den abgekühlten Kuchen damit bestreichen. Mit den Früchten garnieren und mit Blüten dekorieren.

TIPP

Der Kuchen schmeckt auch als purer Mandelkuchen ohne Sahne und Früchte sehr gut.

1 kg Erdbeeren
350 g Zucker (pro Liter Saft)

20 MIN x1

ERDBEERSAFT

SELBST GEMACHT

♥ Die Erdbeeren waschen und putzen. In einem großen Topf 500 ml Wasser aufkochen. Die Erdbeeren dazugeben und 10–13 Minuten kochen, bis sie ihren Saft abgegeben haben. In ein feinmaschiges Sieb abgießen, 30–40 Minuten abtropfen lassen und den Saft dabei auffangen. Den gewonnenen Saft mit dem Zucker in einen großen Topf geben. Unter Rühren aufkochen und 5 Minuten kochen, dabei rühren, bis sich der Zucker aufgelöst hat.

♥ Den Saft in saubere vorbereitete Flaschen füllen. Im Kühlschrank hält er sich einige Wochen.

TIPP

Der konzentrierte Erdbeersaft kann auch eingefroren werden.
Den Saft nach Belieben mit Wasser verdünnen und mit einem Spritzer Limettensaft und einer Limettenscheibe servieren.

1 Bund Zitronenmelisse
1 Bund Pfefferminze
1 Limette
250 g Erdbeeren
Ahornsirup, nach Belieben

15 MIN + 24 STD X4

EISTEE
MIT MINZE UND ERDBEEREN

♥ Zitronenmelisse und Pfefferminze waschen und trocken schütteln. Einige Zweige zum Garnieren beiseitelegen. Die Limette heiß abspülen und in Scheiben schneiden. Die Erdbeeren waschen, putzen und in Scheiben schneiden.

♥ Zitronenmelisse, Pfefferminze, Limettenscheiben und die Hälfte der Erdbeeren in ein großes Gefäß geben und mit 1,2 l kochend heißem Wasser übergießen und abkühlen lassen. Anschließend Zitronenmelisse, Pfefferminze und Erdbeeren entfernen. Nach Belieben mit Ahornsirup süßen. Die restlichen Erdbeeren sowie Zitronenmelisse und Pfefferminze dazugeben und mit Eiswürfeln servieren.

TIPP

Je länger die Erdbeeren im Eistee ziehen, desto intensiver wird die Farbe. Ich lasse den Eistee gern über Nacht im Kühlschrank ziehen. Die Eiswürfel mit Blüten, wie z. B. Gänseblümchen, einfrieren. Der Eistee schmeckt im Sommer sehr gut als Sauce zu einem Fruchtsalat.

BEERENSAFT

MIT BUTTERMILCH

♥ Die Beeren leicht antauen und im Mixer pürieren. Milch, Buttermilch und Ahornsirup zufügen und alles gründlich mixen. Wer einen flüssigeren Saft möchte, rührt einfach etwas mehr Milch oder Buttermilch unter.

ERDBEER-JOHANNISBEER-SAFT

♥ Die Beeren leicht antauen und im Mixer pürieren. Johannisbeersaft, Limettensaft und Ahornsirup zufügen und alles gründlich mixen.

BEERENSAFT

300 g gefrorene Beeren (z. B. Brombeeren, Himbeeren, Erdbeeren)
200 ml Milch
400 ml Buttermilch (1 % Fett)
1–1½ EL Ahornsirup

10 MIN X 4

ERDBEER-JOHANNISBEER-SAFT

300 g gefrorene Erdbeeren
600 ml Schwarzer Johannisbeersaft
2–3 TL frisch gepresster Limettensaft
1–1½ EL Ahornsirup

10 MIN X 4

TIPP

Für einen kernlosen Saft die Flüssigkeit durch ein feinmaschiges Sieb streichen. Der Erdbeer-Johannisbeer-Saft lässt sich gut erwärmen und in einer Thermoskanne mitnehmen. Zur Saison lassen sich beide Säfte natürlich auch mit frischen Beeren zubereiten.

12 g Feldsalat
150 g Stachelbeeren
500 ml Birnensaft
1–2 TL frisch gepresster Limettensaft
Ahornsirup, nach Belieben

10 MIN X 4

STACHELBEERSAFT
MIT FELDSALAT

Den Feldsalat verlesen, gründlich waschen und trocken schütteln. Die Stachelbeeren ebenfalls waschen. Alle Zutaten in einen Mixer geben, gründlich pürieren und nach Belieben mit Ahornsirup süßen. Den Saft in Gläser füllen und sofort servieren.

DANKE

An meine meist geduldige Familie und an alle, die mich unterstützt haben, die mit mir gemeinsam Waldmeister sammeln, Pflaumen pflücken und entkernen, die bei anbrechender Dunkelheit und bei Kälte noch vergnügt in meine Kamera strahlen.

Ich bedanke mich bei der Firma Boden, die uns auf Seite 164/165 mit ihrer wunderschönen Kleidung ausgestattet hat. Ich bedanke mich bei Biofrisch Nordost aus Rostock, beim Bioland Hof Koch in Glüsingen, beim Hof Martens auf dem Harburger Wochenmarkt und beim Spargelhof Schröder in Vahrendorf, wo ich ausgiebig fotografieren durfte. Wie immer bedanke ich mich bei Frau Heinel vom Christian Verlag für Unterstützung, Anregungen und viele spannende Projekte, bei Frau Wiedemann für die richtigen Worte und bei Frau Loos für das schöne Layout, für Farben und Schrift.

DIE AUTORIN

Marie Langenau verbrachte jahrelang ihre Sommer bei ihren Großeltern an der Südwestküste Schwedens. Dort lernte sie zahlreiche Familienrezepte kennen und entdeckte ihre Liebe zur Natur. Hauptberuflich als Ärztin tätig, arbeitet sie auch als freie Fotografin und hält das Landleben in ganz Deutschland fest. Im Christian Verlag erscheinen nun ihre Bücher über das Leben auf dem Land.

REZEPTREGISTER

SACHREGISTER

HINWEIS: Alle Temperaturangaben für den Backofen beziehen sich auf die Einstellung Ober-/Unterhitze. Die erste Zeitangabe bezieht sich immer auf die reine Zubereitungszeit. Alle weiteren auf Back-, Ruhezeiten o. ä.

IMPRESSUM

Produktmanagement: Annemarie Heinel
Textredaktion: Christina Wiedemann
Korrektur: Asta Machat
Layout und Satz: Sabine Loos
Umschlaggestaltung: Sabine Loos mit Fotos von Marie Langenau
Repro: Repro Ludwig, Zell am See
Herstellung: Bettina Schippel
Text und Rezepte: Marie Langenau
Fotografie und Styling: Marie Langenau
Alle Fotos stammen von Marie Langenau, außer Seite 2, 42 oben rechts Christian Bittcher, Harburg aktuell

Printed in Slovenia by Korotan

★★★★★

Sind Sie mit diesem Titel zufrieden? Dann würden wir uns über Ihre Weiterempfehlung freuen. Erzählen Sie es im Freundeskreis, berichten Sie Ihrem Buchhändler, oder bewerten Sie bei Onlinekauf. Und wenn Sie Kritik, Korrekturen, Aktualisierungen haben, freuen wir uns über Ihre Nachricht an
Christian Verlag
Postfach 40 02 09
D-80702 München
oder per E-Mail an lektorat@verlagshaus.de.

Unser komplettes Programm finden Sie unter

www.christian-verlag.de

Alle Angaben dieses Werkes wurden von der Autorin sorgfältig recherchiert und auf den neuesten Stand gebracht sowie vom Verlag geprüft. Für die Richtigkeit der Angaben kann jedoch keine Haftung übernommen werden.

Die Deutsche Nationalbibliothek verzeichnet diese Publikation in der Deutschen Nationalbibliografie; detaillierte bibliografische Daten sind im Internet über http://dnb.d-nb.de abrufbar.

ISBN 978-3-86244-699-5

Wenn Ihnen dieses Buch gefällt, empfehle ich Ihnen auch „So schmeckt mein Sommer“ und „Meine bunte Herbstküche“ aus derselben Reihe.

In gleicher Reihe erschienen ...

ISBN 978-3-86244-253-9

Lustvoll, traditionell inspiriert und modern präsentiert Marie Langenau das heutige Landleben in 75 köstlichen Rezepten und auf mehr als 200 Fotos

ISBN 978-3-86244-530-1

CHRISTIAN

www.christian-verlag.de